伊勢管弦楽団の
「指揮者の部屋」

―マーラーなどの名曲とともに―

大谷 正人　著

大学教育出版

伊勢管弦楽団の

敬愛するお二人の名誉コンサートマスター

上村　宰史さんと

故　植村　茂先生に

心から感謝をこめて

伊勢管弦楽団の「指揮者の部屋」
―マーラーなどの名曲とともに―

目　次

伊勢管弦楽団の「指揮者の部屋」

―マーラーなどの名曲とともに―

第1章
ベートーヴェンの生涯と晩年の様式

はじめに

　ベートーヴェンの作品は、通常3期に分けられて論じられています。初期：古典的形式（社交性）、中期：英雄的ソナタ形式（有機体）、後期：カンタービレ形式（宇宙性・宗教性）という3期の様式の特徴が、それぞれ1802年の聴覚障害による危機と、1812年の結婚断念による危機に区切られた形で3期に分けられているように、ベートーヴェンの生涯と深い関係があります。特に1818年以降の後期作品は、中期の「苦悩から歓喜へ」という英雄的な表現よりも、苦悩を超越した歌にあふれた、より自由な世界であり、人に生きることの価値・意味やスピリチュアリティ（霊性）について、多くのことを示唆してくれるように思います。筆者自身、ベートーヴェンの初期・中期の作品では、違和感を感じる曲も少しありますが、後期作品には最も愛する曲が数多くあるとともに、西洋のクラシック音楽の頂点に位置する音楽の一つと考えています。ベートーヴェンの生涯も振り返って、ベートーヴェン晩年の作品の持つ意味・価値について述べたいと思います。

I　ベートーヴェンの生涯

　ルートヴィヒ・ヴァン・ベートーヴェンは、優秀な音楽家であった祖父ルートヴィヒ、祖父より劣っていたが、宮廷楽師であった父ヨハンという音楽家の家系に 1770 年にボンに生まれた。父ヨハンは、ベートーヴェンをモーツァルトのような天才少年として世に出すことを願い、ベートーヴェンを強引に教育していたが、アルコール乱用もあり、妻を亡くした 1787 年頃から、生活意欲も失っていった。このためベートーヴェンは、16、17 歳頃からは、両親に代わって、音楽家として二人の弟の生活を支えなければならない状況となった。

　1792 年にボンの選帝侯から 1 年間の有給休暇をもらった宮廷楽師ベートーヴェンは、ハイドンに弟子入りをするということで、ウィーンに滞在することになった。ベートーヴェンは即興演奏の見事なピアニストとして、また新進気鋭の作曲家として、ウィーンの寵児となり、弟たちをウィーンに呼び寄せ、ボンに戻ることは終生なかった。そのベートーヴェンが友人に聴覚障害で悩んでいることを最初に打ち明けたのは 1801 年のことであった。仕事上の発展を願い聴覚障害のことを隠してきたが、1801 年には隠しようがないほど、深刻なものとなっていたのである。1802 年夏に弟宛に書かれた「ハイリゲンシュタットの遺書」では、この世の別れというテーマだけではなく、「芸術だけが私を連れ戻し、私に与えられていると感じたすべてのものをやり遂げるまでは、この世を去るわけにはいかないということを気づかせてくれるのだ」というように、未来の創造への意欲も述べられており、自らの苦悩を整理するために遺書を書いたという面も強く認められるだろう。

　この苦悩との葛藤の後、ベートーヴェンは交響曲第 3 番「英雄」をはじめ、ロマン・ロランが「傑作の森」と呼んだ作品群を次々と作曲した。聴覚障害の発症は、ベートーヴェンを絶望の底に落とし、ベートーヴェンの作風の変遷の上でも、非常に大きな影響を及ぼしたが、同時にベートーヴェンは、聴覚障害の改善を最晩年まで望み、様々な治療法を挑戦しながらも、現実には徐々に障害が進行していった。

　ベートーヴェンは 1812 年（当時 41 歳）に交響曲第 7・8 番を作曲したが、その後数年スランプの状態にあった。1812 年の日記には、次のように記されている。（青木らの訳による）

　　おまえは自分のための人間であってはならぬ、ひたすら他者のためだけに。おまえにとって幸福は、おまえ自身の中、おまえの芸術の中でしか得られないのだ──おお神よ！　自分に打ち勝つ力を与えたまえ、もはや私には、自分を人生につなぎとめる何者もあってはならないのだ。──こうして、Ａとのことはすべて崩壊にいたる──

　このように 1812 年は、何度もこれまでに女性を愛してきたベートーヴェンが、愛による幸福を最終的に断念した年となった。1812 年以降は、結婚の断念だけでなく、経済的困難、健康問題、聴覚障害の進行などもあり、重要な作品の作曲は途絶えてしまった。1813 年には、ベートーヴェンの最も重要なパトロンであるルドルフ大公に「不幸な出来事が次々に起こり、本当に私は錯乱状態寸前まで追いつめられました」と書いている。当時から持続していた体調不良は 1815 年から 1817 年の間にピークに達した。また同時に聴覚障害も進行していき、1815 年以降、ピアニストとして演奏会で弾くことはなく、1818 年になるとラッパ型の補聴器を使っても会話はほとんどできず、筆談によるしかなくなった。1815 年には、最も関わりの深かった家族である弟が死に、弟の子どもである甥カールの後見人であることを望んで、カールの母親ヨハンナと裁判で争った。1806 年生まれのカールがまだ幼かった 1816 年の日記には、「カールなくして何物もない。──一度ならずわが子どもと思ってくれた」「日常生活ではカールはどこまでもおまえの手助けになる」など書いていた。1820 年に単独後見人の立場を得たものの、その後もカールに対して過干渉的に接したため、青年期になったカールとの間に軋轢が増えてきた。そしてカールは、1826 年に自殺未遂を起こし、その後カールはベートーヴェンとの関わりを拒絶し軍隊に入ったため、家庭への夢は永久に絶たれることになった。ただ、カールとの関わりにより、ベートーヴェンは恋愛ではない愛情のあり方を考えさせられ、ベートーヴェンにとって大きな人生経験ともなった。

1814年頃から腸や肝臓の疾患で悩み、死も意識し、また聴覚障害のためもあり、ベートーヴェンは被害的になりやすく、対人関係でのトラブルも多かったが、ベートーヴェンは至高のものを求めて、力の源泉を自然に求めようとした。「森の全能なるものよ、わたしは森の中に居ると、歓びにあふれ、幸福です。どの樹木も御身を通じて語る」と1815年音楽ノートに書いている。当時は、音楽的には実りの少ないベートーヴェンの中年期危機に相当する時期であったが、同じ年に神について以下のように書いた。

> 神は非物質である。だから神はどんな概念をも超絶している。神は目で見ることができないから形はない。しかしわれわれは神のなせるさまざまな業にあずかれることができるので、神は永遠であり、全能であり、全智であり、普遍であると結論できる。
> すべては純粋に透明に神より流れ出る。わたしは、激情に駆られて悪に目がくらんだあげく、幾重にも悔悟を重ね、心を洗い清め、最初の、崇高な、清い源泉、神のもとに還った。──そして、汝の芸術へ還った。その時には、利己心に迷うことはなかった。

当時のウィーンでは、ロッシーニがもてはやされ、ウィーン会議後のメッテルニヒによる反動的な体制で、ベートーヴェンも「ウィーンは卑属になり、堕落が始まっている」と述べ、ベートーヴェンの作風は、聴覚障害の進行もあり、さらに内向的なものとなっていった。

1818年以降に、作曲も勢いを取り戻していった。作品の様式は、後期のカンタービレ様式ともいうべき独自の様式にかわっていた。交響曲第9番の作曲に取り組んだのも、1818年以降だが、当時はミサ・ソレムニスの作曲が最大の課題であった。ミサ・ソレムニスの作曲のために、バッハの作品の研究もなされた。1820年と1821年には、最後の3曲のピアノ・ソナタ（作品109〜111）を作曲したが、このピアノ・ソナタはいずれもの晩年の様式による傑作ばかりである。交響曲第9番は主に1822年（当時51歳）後半から1824年2月（53歳）までに作曲された。1824年から1826年にかけては、さらに前人未踏の領域に入りこみ、弦楽四重奏曲を5曲作曲した。1826年の秋以降は健

康状態が悪化し、1827 年 3 月 26 日に肝硬変で亡くなった。

Ⅱ　〈不滅の恋人〉のもたらしたもの

　ベートーヴェンの〈不滅の恋人〉については、映画でも扱われており、多く
の研究で論じられて非常に有名となっている。〈不滅の恋人〉への手紙は、「私
は自分のためとあなたのために生きなければならない」「おお神よ、こんなに
愛しているのに、なぜ離れていなければならないのでしょう」「いっしょに暮
らすという私たちの目的は、私たちの現状を冷静に考えることによってしか、
とげられないのです」「あなたを ─ 私のいのち ─ 私のすべて ─ 元気でいて
─ おお、私を愛しつづけていて下さい」など、熱烈な言葉にあふれた恋文で
あった。ただそれ以上に、それは宛名や日付がなく、投函もされず、ベートー
ヴェンの死後、株券とともに秘密の引き出しから発見されたこと、その手紙を
長い間保管し、最初のベートーヴェンの伝記を書いた弟子のシントラーが、手
紙の書かれた年月も相手も、推測のもと間違えて公表してしまったことから、
大きな謎として残った。不滅の恋人の名前は、160 年以上にわたる実証的な研
究の成果から、アントーニエ・ブレンターノかヨゼフィーネ・ダイム（シュ
タッケルベルク）に絞られているが、まだ結論は出ていない。

　この二人の中で不滅の恋人はアントーニエであるとする説の方が有力であ
る。アントーニエは、フランクフルトの富豪フランツ・ブレンターノと結婚
したが、心身症にかかり、また父親の看病という目的もあり、故郷のウィーン
1809 年に戻り 3 年間滞在した時、ベートーヴェンと知り合った。ヨゼフィー
ネの方は、夫であった約 30 歳年上のダイム伯爵が 1804 年に急死した後、ベー
トーヴェンとは数年間恋愛状態にあったと考えられている。ヨゼフィーネは
シュタッケルベルク男爵と 1810 年に子どものために再婚するが、無収入で経
済観念のないシュタッケルベルクとヨゼフィーネの関係は悪く、シュタッケ
ルベルクは 1812 年には半年間行方不明となった。このため 1813 年 4 月に生
まれたヨゼフィーネの子どもミノナの父親は、ベートーヴェンではないかとい
う説がある。日本における〈不滅の恋人〉研究の第一人者青木氏は、ベートー

ヴェンとアントーニエの恋愛関係の崩壊は、ヨゼフィーネの妊娠が原因とする説を述べている（なお福島氏は 1813 年 3 月に生まれたアントーニエの子どもの父親もベートーヴェンではないかと推測している）。ヨゼフィーネはこの後、子どもを夫に連れ去られ、1821 年不幸な境遇の中、42 歳で亡くなった。ベートーヴェンはアントーニエとの恋愛関係は終止符をうったものの、ブレンターノ夫妻との友好的な関係は続き、ベートーヴェンの晩年、作品 109 のピアノソナタを、アントーニエの娘、マクシミリアーネに献呈している。

　ベートーヴェンの作風の変遷を考える上では、ヨゼフィーネとの恋愛関係が中期作品に及ぼした影響もあるが、それよりもアントーニエとの恋愛とその終焉は後期様式への転換を促したという意味で重要である。当時ベートーヴェンは聴覚障害の進行もあり、救いを自然や神に求め、苦悩の時代を過ごした。また甥のカールの養育をめぐる葛藤とその体験も大きな影響を及ぼした。

III　晩年の様式の特徴

　後期の作風について、様々なベートーヴェン研究家が論じている。「無時間性、破格の自由、抽象化、魔術的関係づけ、両義性、カンタービレ的要素」（ダールハウス）、「変奏曲とフーガへの傾倒、自由化、幻想の飛躍と緊密な構成、カルテット志向、革新の歩み」（門馬）、「宇宙、総合」（メルスマン）、「宗教的なものの影が濃く射しこんできた」（吉田）。これらの指摘の中で、最も明瞭に認められる特徴は、カンタービレ的要素、自由化と宇宙的響き、ポリフォニー（特にフーガ）の多用ではないだろうか。　メルスマンは、ベートーヴェンにおける"宇宙"という概念について、以下のように述べている。

　　　今までの創造者ベートーヴェンやこれまでの音楽の発展段階と音楽を結びつけていたものが消えてなくなり、彼の音楽は透明になっていきます。そして音楽を通して光り輝いていたものは、計り知れないもの、超越的なもの、宇宙的なものになっていき、音楽を創造するということ自体が変わるのです。

　交響曲第 9 番について言えば、宇宙性が最も顕著になるのが第 2 楽章であ

る。変奏曲によるカンタービレ的要素は、第3楽章に豊かにみられるし、第4楽章には立派な2重フーガがあり、2分の3拍子の Andante Maestoso の部分には宗教的な世界の表現がある。主題の徹底的な展開による英雄的ソナタ形式から、統一性を保ちながらも、より自由なカンタービレ様式へ変遷したことついては、「苦悩から勝利へ」という概念を超越したベートーヴェンにとって、必然的な変化であったと思われる。

おわりに

　ベートーヴェンは、西洋音楽史上、その人生がその作品と直接深く関連するようになった最初の偉大な作曲家であり、その芸術が現世の実利的な価値よりも高みにあることを最初に公言し、また証明した最初の作曲家でした。特に、その晩年の作品における宗教性、超越性は、人が生きる上で大きな示唆と希望を与えてくれると思います。交響曲第9番も傑作ですが、晩年のベートーヴェンについて、あまりご存じでなく、これからもっと聴いてみたいと思われる方に、是非聴いていただきたいのは、弦楽四重奏曲の第12〜15番、最後の4曲のピアノソナタ第29〜32番で、さらにその中で1曲というなら、弦楽四重奏曲は、「病の癒えたものの神への聖なる感謝の歌」が第3楽章に入れられた第15番、ピアノソナタは2楽章でできていながら、構成の完璧な第1楽章、究極のカンタービレ楽章とも言うべき第2楽章（変奏曲形式）からできた第32番でしょう。ピアノソナタ第32番はベートーヴェンの最大のパトロンであるルドルフ大公に献呈されましたが、本来はアントーニエに捧げられるはずであったことが、1823年の手紙で明らかにされています。

第2章
ベートーヴェンの交響曲第9番

I　ベートーヴェンの交響曲第9番とその背景

1．はじめに

　クラシック音楽の歴史上、天才の大作曲家は数え切れないほどいます。その中でもベートーヴェン（1770-1827）の偉大さは傑出しています。それぞれの作品の完成度の高さとその多さ、生涯にわたって充実した創作活動を続けてどんどん高みに達していること、自由・博愛のみならず、超越的なものへの視点を持ち続けるその精神の崇高さ、後世への影響力、19世紀から現代まで続く演奏頻度の高さなど、どれをとってもあり得ない超ハイレベルです。しかも進行する聴覚障害のために、特に晩年には自分で作曲した音を正確に聴くことが不可能な状態で作曲したという想像を越えた存在です。その偉大さの故に、後世の人々がベートーヴェンを「楽聖」と名づけたのは当然の称号かもしれません（ちなみに楽聖とは19世紀のドイツでつけられた称号の日本語訳のようです）。

2．交響曲第9番の成立の事情

　ベートーヴェンは壮年期に聴覚障害の発症による人生の危機を、数多くの不滅の傑作を作曲することなどを通して克服し名曲を作曲し続けたが、1812年以降数年間、作曲上も私生活でも最悪の危機的状態にあった。1812年以降は、

　第1章で述べたように、結婚の断念だけでなく、経済的困難、健康問題、聴覚
障害の進行などもあり、重要な作品の作曲は途絶えてしまった。1818年以降
に、作曲も勢いを取り戻してきたが、作品の様式は、後期のカンタービレ様式
ともいうべき独自の様式にかわっていた。交響曲第9番の作曲に取り組んだの
も、1818年以降だが、当時は「ミサ・ソレムニス」の作曲（他には最後の3
曲のピアノ・ソナタの作曲）が最大の問題で、交響曲第9番は主に1822年（当
時51歳）後半から1824年2月（53歳）までに作曲された。第8交響曲の作
曲から、既に10年以上の歳月が経過していた。

　1823年から1824年にかけて1年余りで作曲された交響曲第9番で最大の特
徴は、交響曲史上初めて合唱が加わっていることである。シラーの頌歌「歓喜
に寄せて」については、ベートーヴェンはボンにいた青年時代から作曲する意
図を持っていた。"苦悩から歓喜へ"はベートーヴェンだけでなく、人間の永
遠の本質的課題である。ベートーヴェンは、この曲を作曲する7年前の1815
年に「無限の霊魂をもちながら有限の存在であるわれわれは、ひたすら悩みの
ために、そしてまた歓喜のために生まれてきているのです。また、優れた人々
は苦悩を突きぬけて歓喜をかち得るのだ、と言っても間違いないでしょう」と
手紙に書いている。

　交響曲第9番における「歓び」は、苦悩の克服だけではなく、音楽による
共同体を通しての人類愛への希求、愛の歓び、生死を越えた存在（神、霊魂な
ど）による歓びなどが歌われている。それは特定の宗教を越えた宗教的世界、
死を越えた超越的・宇宙的世界であり、聴覚障害のために孤独な生活を余儀な
くされた上、結婚などの家庭的な幸せを断念したベートーヴェンが人々に愛・
音楽・生のすばらしさを歌い語り続けた曲なのである。

　作曲は楽章順に進められ、1823年の6月頃、シラーの頌歌「歓喜に寄せて」
を第4楽章に入れることを決意していた。第4楽章では、まず合唱部ができて、
ついで先行する器楽部が作曲された。最後に、両者をつなぐレシタティーヴォ
の部分、及び冒頭の部分が作曲されたと考えられている。シラーの頌歌96行
のうちの約30行に作曲をしている。バリトン・ソロによる最初の歌詞「おお
友よ、これらの調べではなく、より快い調べを歌おう、そしてより喜びに満ち

た調べを」は、ベートーヴェン自身の詩によっている。シラーの詩のベートーヴェンによる改編で重要な点は、第1に「歓びよ、美しい神々の火花よ、エリジウムの娘たちよ」と「すべての人間は同胞になる」が強調されていること、第2に宗教的な次元が後半部で強調されていることである。

3.「第九」の文化・社会における位置づけ

　古今のクラシック音楽の名曲の中で、「第九」(この項目では交響曲第9番を「第九」とした) ほど、文化活動となり、また時には政治・社会状況と関連して演奏された曲はない。シラーの歌詞の影響も大きいが、第二次世界大戦やその他の社会状況の中で、特別な曲として人々の気持ちを高揚するために演奏されてきた歴史的流れがある。

　ベートーヴェンの第九番は、そのインパクトの強さ、音楽の深さという2つの視点で考えると、バッハのマタイ受難曲、ヴァーグナーの「トリスタンとイゾルデ」などと並び、クラシック音楽上の最高峰に位置する曲である。マタイ受難曲や「トリスタンとイゾルデ」の場合、宗教上の特徴、言葉の比重が大きいこと、曲の長大さ、ソリストの役割の大きさなどの課題があることを考えると、ベートーヴェンの第九は演奏しやすく、実際その曲のメッセージのもつ普遍性から、歴史上様々な重要な機会に演奏されてきた。その一部の記録をご紹介したい (中川右介による)。

　1931年4月　スペイン共和国の誕生を祝うコンサート (カザルス指揮)

　1945年9月　第二次世界大戦終結記念のチャリティ・コンサート (トスカニーニ指揮)

　1947年12月　学徒出陣戦死者追悼演奏会 (山田一雄指揮)

　1951年7月　バイロイト音楽祭再開記念演奏会 (フルトヴェングラー指揮)

　1989年12月　ベルリンの壁崩壊記念演奏会 (バーンスタイン指揮)

　2011年4月　東日本大震災被災者支援チャリティ・コンサート (メータ指揮)

　以上は一例であるが、人類にとって記念となる時に、この曲ほど全世界で共通して演奏された曲は他にないだろう。それは、追悼の時にも演奏されていることからわかるように「歓喜の歌」が単なる祝祭ではなく、人間存在の最も深

いところに関わっているからだと思われる。

　年末の第九演奏の出発点は、第一次世界大戦後の困難を極めたドイツのライプツィヒで年末に演奏が続けられたのがその起源であるが、当時は労働者の文化運動としての側面が強かった。日本では年末の第九は、オーケストラの経営事情から、つまり合唱団の人にチケット販売を協力してもらえる第九を演奏すると客席を一杯にできること、またさらには聴衆の年越しの行事という意識付けも成功して、戦後の1947年以降、一般化していった。後者の意義について、作家の島田雅彦氏は「第九のコンサートは苦難の1年を振り返り、次の年も腐らずに頑張ってみようという元気を取り戻す儀式であり、無宗教者のためのミサなのである」と指摘している。

4．交響曲第9番の意味するところ

　第4楽章冒頭において、第1〜3楽章の主題が低弦のレシタティーヴォによって否定されて、歓喜の主題が導かれるというストーリーは、あまりに有名である。ベートーヴェンにとって、"苦悩から歓喜へ"は、生涯のテーマであり、交響曲第9番作曲当時の会話のメモ帳からも、「絶望」（第1楽章）から「浄化」（第3楽章）を経て「歓び」（第4楽章）に向かう流れは確認されている。

　ただ、最初3楽章がすべて同様に否定されるべき内容と考えるのは、あまりに単純すぎる発想ではないだろうか。作曲の経緯からしても、4楽章の冒頭部分が作曲されたのは、作曲の最後となっており、シラーの頌歌を作曲する前に、最初の3楽章は概ね作曲されていた。第1楽章は完全5度の原初的響きで始まり、英雄的・劇的な展開を経て、最後は葬送行進曲風に終り、第4楽章における第1楽章主題は、ffの減七の音程（和音）という最も激しい形で否定されている。これに対して第2楽章は、ベートーヴェンの晩年特有の宇宙的響きを持ち、トリオでは歓喜の主題の前触れのようにニ長調となるが、第4楽章の冒頭で低弦の7小節という短い楽節によりあっさりと否定され、すぐに第3楽章の主題に移行する。

　そして、ベートーヴェン晩年に特徴的なカンタービレ様式による第3楽章

主題は、第４楽章冒頭では、最も慎重に否定されている。すなわち、第１楽章の英雄的ではあるが「絶望」に終わる世界の明確な否定、第３楽章の「浄化」よりも重要な「歓び」への流れが表現されている。

　「歓び」が何を意味しているのか、様々な議論がある。音楽による共同体を通しての人類愛への希求、愛（エロスやアガペー）の歓び、バッカス・ディオニュソス的な歓喜など。いずれにしても、愛情と理性と情熱をもって、手を取り合って生きていこうという、意志的な要素が強い。

　結婚などの家庭的な幸せを断念したベートーヴェンが、人類愛を主張したという面、また同時に共和主義者であったベートーヴェンが、当時のメッテルニヒ主導の復古主義、ロッシーニがもてはやされ、ベートーヴェンが古くさい衒学者とされたいわば「冬の時代」を乗り越えようとした作品という面もあるように思われる。

Ⅱ　ベートーヴェンの交響曲第９番の解説

　第１楽章　冒頭のＡ（ラ）とＥ（ミ）の完全５度（空白５度）による神秘的な開始で始まる。構成的には壮年期のような英雄的ソナタ形式による楽章で、悲劇的要素を中心に時には牧歌的要素が混じるなど、多彩な表現がみられる。曲の後半でニ短調の第１主題が拡大されて悲劇的に再現される部分は、「最後の審判」のようでもあり衝撃的で、後世の作曲家に大きな影響を与えた。最後は葬送行進曲風に劇的に終わる。

　第２楽章　主部─トリオ部─主部の構成によるスケルツォ楽章であるが、舞曲概念の延長であるこれまでのスケルツォとは異なり、ベートーヴェン晩年に特有の宇宙的響きを感じさせる楽章である。トリオ部は歓喜の主題と同じニ長調となっており、主題の音型としても終楽章の歓喜の主題を暗示している。

　第３楽章　アダージョとアンダンテの二つの異なる性格の主題が交互に現れ、ベートーヴェンが晩年に愛用した変奏曲形式となっている。愛や美にあふ

れた歌が法悦の境地にも達するが、楽章の最後では、第４楽章の「恐怖のファンファーレ」を暗示する不安な雰囲気を残しながらも浄福のうちに終わる。第３楽章の終わりに登場するトランペット・ホルン・ティンパニによるファンファーレ的な部分は、第４楽章が作曲されてから付加されたものと推測されている。この変ロ‐変ホ‐変ロ‐変ホと４度‐５度‐４度と上昇する音型で突然鳴り響くところは印象的であるが、音型としては第１楽章第１主題の反行形で、第１楽章冒頭と同様に空白５度となっている。

　第４楽章　この終楽章は、Ａ（ラ）とＢ（シ♭）が同時にぶつかるという不協和音による「恐怖のファンファーレ」で始まる。恐怖のファンファーレ、そしてこれまでの１～３楽章のテーマは低弦のレチタティーヴォによって否定されて、歓喜の主題が pp から奏でられ ff の熱狂に至る。その時突然、冒頭のファンファーレが再現し、バリトン・ソロが「このような音ではなく、もっと心地よく喜ばしいものを」と高らかに歌う。この部分はシラーではなく、ベートーヴェン自身による詩によっている。その後、シラーの頌歌により曲はソナタ形式や変奏曲形式を中心とした自由な形式ですすみ、最初の提示部に相当する部分では、「歓びよ、美しき神々の輝きよ、天上の楽園からの娘たちよ、我らは情熱にあふれて、天国の汝の神殿に足を踏み入れる。汝の不思議な力は、時が厳しく引き離したものを再び結び合わせる。すべての人々はきょうだいとなる。汝のやわらかな翼がとどまるところにて」と歌われる。

　次の展開部に相当する部分では、前半はトルコ行進曲風の前奏に続き、テノール独唱に導かて「天の完全なる計画によって太陽が喜ばしく飛びゆくように、走れ、きょうだいたちよ、汝の道を、勝利に向かう英雄のように喜ばしく」と男声合唱で歌われる。その後、オーケストラによる激しい闘争的間奏部を経て「歓喜の主題」が高らかに歌われる。展開部後半では宗教的・超越的な世界となり、「互いにいだきあえ、もろびとよ！　全世界の接吻を受けよ！　きょうだいたちよ、星の天幕の上には、愛する父が必ず住みたもう」と荘厳な合唱が続く。この主題は第４楽章が半分以上経過した後で初めて明確な形で登場し、第４楽章前半では聴かれなかったのにもかかわらず第２主題として重要で

あり、この交響曲において核心的な意味を持ち一つのクライマックスを形成している。その後2重フーガによる歓喜の主題と第2主題の再現（再現部）を経て、歓喜のコーダに曲は突入する。このコーダでは「すべての人々がきょうだいになる」というフレーズの alle Menschen（すべての人々）が何度も反復され、4人の独唱者によるカデンツ風の部分を経て、最後は熱狂的に終わる。

第 **3** 章

メンデルスゾーンの交響曲第 3 番と
ブラームスの交響曲第 2 番

Ⅰ　メンデルスゾーン

1.　はじめに

　メンデルスゾーンは、モーツァルトやシューベルトと並んで、音楽史上まれにみる早熟の天才でした。しかし指揮者やピアニスト、さらに風景画家としてなどの多くの才能に恵まれ、完璧主義者でもあったため、作品の数は、同じく夭折したさきの二人ほどは多くありません。また交響曲については、その番号は作曲順に並べられておらず、メンデルスゾーンの生涯を確認しながら曲を分析することが望ましいと思われます。そこでまずメンデルスゾーンの生涯を振り返り、それから「スコットランド」交響曲について論じたいと思います。

2.　メンデルスゾーンの生涯

　フェリックス・メンデルスゾーンは、1809 年 2 月 3 日にハンブルクで、アブラハム・メンデルスゾーンと妻のレーアとの間に生まれた。祖父のモーゼ・メンデルスゾーンは、ユダヤ人として苦労はしたが、カントとも親交があり、人道主義運動を擁護した有名な哲学者であった。父親のアブラハムは、彼の兄とともに銀行を経営していたが、一家はナポレオンのフランス軍による占領を避けて 1811 年にベルリンに移住し、主に生活上の理由からユダヤ教からキリスト教に改宗した。母親のレーアは、ピアノも弾けて教養があり、メンデルス

ゾーンは5歳の時からピアノを教わるようになった。そして彼は、7歳から専門的レッスンを受け始め、10歳で既に公開の私的演奏会で演奏している。その後もすぐれた指導者に恵まれて、12歳ではゲーテの寵愛を受け、ヴァイマルの社交界でもピアノ演奏をし、この頃からベルリンの家では、定期的に開催される日曜コンサートのために、12曲の弦楽シンフォニアをはじめ多くの作品を作曲するようになっていった。1825年には作曲家ケルビーニがメンデルスゾーンの将来性を確約したため、父のアブラハムもメンデルスゾーンが音楽家になることを認めた。同年16歳の若さで弦楽八重奏曲のような傑作を、そして翌1826年には序曲「真夏の夜の夢」を作曲している。メンデルスゾーンは祖母から14歳の時にバッハのマタイ受難曲の筆写譜を贈られており、ベルリン大学の学生であった1829年にはマタイ受難曲を指揮し、バッハ以来の復活再演を見事に成功させた。このバッハ再興の熱狂はドイツ各地に伝わっていった。

　その後、教養を高めるためにロンドンに旅行した際、スコットランドにも立ち寄って、「スコットランド」交響曲や「フィンガルの洞窟」の最初の構想を持ち始めた。8か月ぶりにベルリンに戻ってから交響曲第5番「宗教改革」の作曲を始めている。半年後の1830年5月にはヴァイマルを経由してイタリアに行き、そこで1年近く滞在したが、その時に交響曲第4番「イタリア」の作曲を始めた。その後スイス、ミュンヘンなどを経由してパリに行ったが、2年以上に及ぶ教養旅行の終わりに再びロンドンに行き、「フィンガルの洞窟」の第二稿を指揮した。

　1833年には、気がすすまないままに周囲の薦めでベルリン・ジングアカデミーの指導者に応募したが選ばれず、同年にメンデルスゾーンはデュッセルドルフ市音楽監督に任命され、2年間務めた。メンデルスゾーンは音楽の好みがはっきりしており、例えば同時代の作曲家では、シューマンやショパン、ヴェーバーは近かったが、リストやベルリオーズは遠かった。また劇場の仕事は苦痛のほうがずっと多かった。1835年にはメンデルスゾーンはライプツィヒのゲヴァントハウス管弦楽団の指揮者に就任した。ゲヴァントハウス演奏会でメンデルスゾーンは、音楽史上初めて指揮者の近代的役割を果たしたと伝えられている。ゲヴァントハウスでの演奏活動で特記されるべき一つとして、

シューベルトの交響曲ハ長調「グレート」の初演がある。この曲は、シューマンがシューベルトの遺稿から発見したものだが、ウィーン楽友協会は「あまりに長く、あまりに難しい」と断ったため、シューマンはメンデルスゾーンに依頼していた。

　1835年11月には父のアブラハム死去の突然の知らせに打撃を受けたが、その打撃は翌年フランクフルトでジャンルノー夫人（既に未亡人であった）の娘セシルと知り合い、1837年に結婚できた幸せによって癒された。2人の間には5人の子どもが生まれた。1839年にはピアノ三重奏曲第1番を作曲し、1840年には交響曲第2番「賛歌」をライプツィヒで初演した。1841年ベルリン音楽アカデミー音楽部門の主任という誘いを受けたメンデルスゾーンは、ライプツィヒの住居をそのままにしておきベルリンに向かったが、ベルリンでは進歩派と反動勢力の争いが強く、進歩派のメンデルスゾーンもその争いに巻き込まれていった。当時、「スコットランド」交響曲の作曲も進め1842年に完成させた。

　1843年ライプツィヒに戻ったメンデルスゾーンは、ライプツィヒ音楽院の設立に尽力を尽くした。同年の11月終わりには、メンデルスゾーンは再び家族とベルリンに移住して、大聖堂の教会音楽の指揮とプロイセンの王立管弦楽団のシンフォニー・コンサートの指揮を任された。しかしやはりベルリンでの仕事は彼に合わず、1844年にはベルリンでの契約を終えることになり、当時ヴァイオリン協奏曲ホ短調を作曲した。メンデルスゾーンの仕事は、ライプツィヒ、ロンドンなど、さまざまな都市でなされたが、一番大きな課題は、オラトリオ「エリア」の作曲であった。1846年片頭痛に悩まされていたメンデルスゾーンに対して、医者はこれ以上、ピアニストとして演奏会を開かないように勧め、メンデルスゾーンもこれに反対しなかった。1847年5月には愛する姉ファニーの突然の死を知り、回復不可能な打撃を受けてしまった。音楽的才能にあふれていたファニーは、音楽的な助言をメンデルスゾーンに与えていたばかりでなく、2人は特別深い関係であった。当時から、メンデルスゾーンの心の中に、自分自身の活動に価値があるのかどうかという疑念が生じ始めていた。神経が過敏になっているメンデルスゾーンがスイスの大自然の中で最

後に仕上げたのが、弦楽四重奏曲ヘ短調（作品 80）の作曲であった。そして1847 年 11 月 4 日、脳溢血のため 38 歳の若さで亡くなった。

3. 交響曲第 3 番イ短調作品 56「スコットランド」

　メンデルスゾーンの交響曲は、作品番号順、すなわち出版順に並べられている。交響曲第 4 番「イタリア」と交響曲第 5 番「宗教改革」は、メンデルスゾーンが亡くなった後、それぞれ 1851 年と 1868 年に出版されたが、曲が完成した年代順に並べると、第 1 番ハ短調（1824 年）、第 5 番「宗教改革」（1830 年）、第 4 番「イタリア」（1833 年）、第 2 番「賛歌」（1839 年）、第 3 番「スコットランド」（1841 年）になる。つまり「スコットランド」交響曲は、メンデルスゾーンが完成させた最後の交響曲である。

　この交響曲の作曲の歴史は長い。1829 年の最初のスコットランド旅行の時に、既に曲の萌芽は生まれており、メンデルスゾーンは 1829 年 7 月の両親宛の手紙で次のように書いていた。

　　　今日の夕方遅く、私達はメアリー女王が住み、また愛した宮殿に行きました。扉の近くにある螺旋階段をのぼると、小さな部屋があります。彼ら（殺害者達）は螺旋階段をのぼり、その小さな部屋にいるリッツィオを見つけて彼を引きずり出し、そこから部屋を三つ隔てた暗い角で、彼を殺害したのです。その隣にある礼拝堂は、今では屋根がなく、中には草や木蔦が生い茂っています。そこの壊れた祭壇の前で、メアリーはスコットランド女王の位についたのです。そこではすべてが壊れ、朽ちています。そして、明るい空の光が、中に差し込んでいます。私は今日、その場所で、交響曲《スコットランド》の出だしの旋律を思いついたのです。

　それから 12 年以上経って、1841 年に第 1 稿を、1842 年の初演後に第 2 稿を完成させた。しかも 1830 年代にメンデルスゾーンは、この交響曲の作曲を何度も模索している。このように「スコットランド」交響曲は、メンデルスゾーン自身が不満を表明した「宗教改革」や「イタリア」とは異なり、12 年間かけて作曲した自信作であった。旋律の美しさ、随所にみられる旋律のポリフォニックな扱い、構成的な強固さ、詩的幻想の豊かさとその気品の高さなどの

魅力にあふれており、メンデルスゾーンの代表作であると同時に、数多くのロマン派交響曲の傑作の一つである。「スコットランド」という標題については、メンデルスゾーン自身がそのように呼んでいた時もあり、メンデルスゾーンの没後定着していったので、誤った標題ではないと考えられている。なお、以下の譜例は『名曲解説全集　交響曲Ⅱ』の中の堀内敬三によるものを参考にした。

第1楽章　ソナタ形式

　ゆったりした序奏部のリート主題（譜例1）は、1829年のスコットランド旅行の時に作曲したものである。その後ヴァイオリンによるレチタティーヴォ風のところが続く。アレグロのテンポの主部に入ると、譜例2の流麗な第1主題がすぐに現れるが、これは冒頭のリート主題と精妙に関連付けられている。激しい第2主題提示部分の終わりに譜例3の愛らしい主題が出現する。譜例4は、終結主題とも言うべき役割を持っている。展開部では、主題のポリフォニックな扱いが見事である。再現部では、譜例2、3の主題が、哀愁をおびたチェロによる新しい旋律を伴いながら再現する。コーダでは、スコットランドの嵐の情景が現れた後、静けさが戻り、冒頭のリート主題が再現されて静寂のうちに終わる。

第2楽章　ソナタ・ロンド形式

テンポの速いスケルツォ的性格の楽章である。クラリネットのソロで最初に現れる譜例5の第1主題は5音音階でできており、牧歌的でスコットランド民謡風である。スコットランドのバグパイプを思い出させる。哀愁をおびた全曲の中で、最も明るく躍動的な楽章である。

第3楽章

アダージョのテンポの緩徐楽章で9小節の序奏部の後で現れる第1主題（譜例6）は、提示部ではヴァイオリンによって、再現部ではチェロによって奏でられるが、歌にあふれ非常に美しい。これに対して、第2主題（譜例7）は葬送行進曲風であり、主に管楽器で演奏され、思いつめたような緊迫感があるが、これらの対照的な性格の両主題が交互に展開され曲想が盛り上がる。

第4楽章

アレグロ・ヴィヴァチィシモの部分では、付点のリズムが特徴的できびきびとして推進力のある第1主題（譜例8）と、オーボエによって最初に演奏される第2主題（譜例9）が展開されるが、この第2主題も、全曲冒頭のリート主題との関連が強い。この第4楽章の最後に、8分の6拍子のアレグロ・マエ

ストーソ・アッサイのコーダが置かれている。男声合唱のようなイ長調コーダの主題（譜例10）は、牧歌的でありながら同時に力強い。やはり全曲冒頭のリート主題と巧みに関連づけられている。この主題が音域を上げながら4回繰り返されて全曲が輝かしく終わるが、この第4楽章最後のコーダは、第1楽章冒頭の序奏とともに、この曲の際立った構成上の特徴となっている。

4. おわりに

　メンデルスゾーンの「スコットランド」交響曲は不滅の名曲であり、私たち伊勢管弦楽団は、無謀にもこの難曲を第1回定期演奏会のメイン曲として演奏しました。当時は三十数名（団員は十数名）による拙劣な演奏で、演奏を聴いてくださった方には、随分ご心配をおかけしたと思います。現在、伊勢管弦楽団が創設されて40年弱経ち、皆様のおかげで昔とは比較にならない水準で演奏できる希望とその幸せに心より感謝しています。

II　ブラームス

1.　ブラームスの生涯

ヨハネス・ブラームスは、1833年5月7日ハンブルクで生まれた。父親は、最終的にはハンブルク・フィルハーモニーのコントラバス奏者の地位を得たが、下層階級の出身であった。母親は、父親より17歳年上で、結婚した時41歳で、ヨハネスを出産した時は44歳という高齢出産であった。ブラームスは幼少時から音楽の才能を示し、よい教師につくことはできたが、家が貧しかったので、13歳頃から家計を助けるため港町ハンブルクの酒場やダンスホールでピアノ弾きのアルバイトをしていた。17歳の時、ヴァイオリストのレメーニと演奏旅行に出かけたが、その時知り合ったヴァイオリニストのヨーゼフ・ヨアヒムから、デュッセルドルフのシューマンを訪問するようすすめられた。

1853年に20歳のブラームスは、シューマン夫妻を訪れた。当時ローベルト・シューマンは43歳、当代一流のピアニストである妻のクララ・シューマンは34歳であった。ブラームスのピアノソナタなどを聴いたシューマンは、「新音楽時報」（一時自分が編集長までしていた音楽雑誌）にブラームスを天才として紹介したが、これがシューマンの最後の寄稿となった。1854年の2月にシューマンは精神障害のため、ライン河に投身自殺を図り、精神病院に収容された。ブラームスはクララ（当時7人目の子どもを妊娠中であった）とその子どもたちを助けるために、シューマン家に長く滞在したが、その中でクララを深く愛するようになってしまった。クララへの愛は、いろいろな変遷を経ながらも約40年続き、ブラームスの生涯と音楽に決定的な影響を与えた。吉田秀和氏は、ブラームスには"完成されたもの"への憧れや愛着があり、それが生活上はクララへの愛、音楽上はバッハ、ベートーヴェンなど、過去の大作曲家への接近になっていると述べている。

ブラームスが恋愛をした女性としては、1858年に一時婚約までしたアガーテ・フォン・ジーボルトをはじめ何人かいたが、クララの存在のためか、自

由を望んだためか、ブラームスは結局独身を貫いた。シューマンは1856年に精神病院で亡くなったが、「ブラームスをシューマン一家から離した方がよい」と考えたヨアヒムの推薦もあり、ブラームスはデトモルトの宮廷で初めて定職につくことになった。デトモルトでの仕事は9月から12月までの間で3年だけだったが、ピアノ協奏曲第1番をはじめ多くの曲を作曲することができた。特にアガーテとの恋愛は、ブラームスにおいて声楽曲や室内楽曲の作曲を促した。

　母親が亡くなった翌年1866年に完成した「ドイツ・レクイエム」の成功により、作曲家として名声の確立したブラームスは、1869年36歳の時、ウィーンに定住することになった。1876年43歳の時、交響曲第1番を完成させ、初演も成功をおさめ、翌年に交響曲第2番を作曲した。交響曲第3番は1883年50歳の時の作品であり、第2番の作曲から6年経過していた。1885年には交響曲第4番を完成させたが、1890年には創作力の衰えを感じ遺書を書いた。

　その後クラリネットの名手ミュールフェルトに出会って、クラリネット五重奏曲などを作曲した。1896年クララ・シューマンが亡くなったが、その葬儀にかけつけようとして間に合わず、憔悴しきったブラームスに肝臓癌が発症し、1897年4月3日ブラームスは息を引き取った。クララが亡くなった1896年には、同じくウィーンで活躍したブルックナーも亡くなっており、1897年にはマーラーがウィーンの宮廷歌劇場の音楽監督に就任するという、まさに一つの時代（19世紀のドイツ・ロマン派）の終わりを象徴する出来事であった。

2. ブラームスの音楽について

　ブラームスは、モーツァルトについて、「今日では、私たちにはもう、モーツァルトのように美しく書けない。だがしかし、私たちには、彼が書いたのと同じくらい純粋に書くよう努めてみることはできる」と話している。また「神々の時代は終わった。私たち人間は、せめて自分の良心に恥じないように正確に仕事をするほかない」としばしば語っていたらしい。作曲において、正確な仕事に努めるという意識は、ブラームスがヨアヒムやクララらに、自分の作品について頻繁に意見を求めるという行動にも反映している。ブラームスに

とって、神々とは、バッハであり、モーツァルトであり、ベートーヴェンであり、そしてシューマンではなかっただろうか。シューマンに関しては、前3者と比べると、その作品の今日における評価からは異論があるかもしれない。既に亡くなっている神々と比べて、ブラームスの中でも、複雑な感情を持たざるをえなかった対象であったのは明らかである。しかし若いときシューマン夫妻は、ブラームスにとって憧れの存在であった。だからこそ、シューマンが精神病院に入院した後、シューマン一家を支えるために、あらゆる努力を惜しまなかったのであるし、最も愛するクララとも結婚できなかった。

　ブラームスは晩年の1892年にもクララに「今日もう一度繰り返し述べさせて下さい。あなたとご主人が私の人生の最も美しい経験です。その経験には最も豊かで、最も気高いものすべてが表されています」と手紙を書き送っている。

　ブラームスが十分な経験と知識をふまえて、40歳を過ぎてから作曲した4曲の交響曲の調性が、それぞれハ短調‐ニ長調‐ヘ長調‐ホ短調であるが、C‐D‐F‐Eは、モーツァルトの最後の交響曲「ジュピター」の第4楽章の主要テーマであり、シューマンの4つの交響曲も同様にB‐C‐Es‐D（それぞれ1度下の音）であるのは偶然とは思えないということを、池辺晋一郎氏が述べていたが、筆者もシューマンの場合偶然としても、思慮深いブラームスの場合、モーツァルトやシューマンに対するオマージュとしての意味があったのではないかと推測する。更に、交響曲第3番の第1楽章には、明らかにシューマンの同じ交響曲第3番「ライン」の第1楽章と全く同じフレーズが出現している。1883年から夏の保養先を、これまでのオーストリアのペルチャッハやイシュルから、ライン河に近いヴィースバーデン（デュッセルドルフからも近い）に移したことも影響しているのであろうか。

　吉田秀和氏は、「自分の中にあって燃えさかる何ものかを抑圧するために全力をあげて、それと闘うこと。芸術家ブラームスは、そこから誕生する」と述べているが、これは鋭い指摘であると思う。この燃えさかるものを抑圧するという心理は、思春期における酒場での演奏経験、そして何よりもシューマン夫妻に対して持った複雑な感情、つまりクララへの愛とそれを抑えようとする意

識（精神分析では超自我という）が大きな原点となっていると思われる。

　ブラームスは無神論者だったといわれている。以下、クララ宛の手紙である。

　　　事実、人はすべてを失うために生きているのです。そうして最後にゆくのは墓
　　以外の何ものでもありません。その上には風が吹くかもしれないし、雪が降るか
　　もしれない。しかし、その墓場のほかでは、すべてが前と変わらず、毎日が過ぎ
　　てゆくのです。

　ブラームスは、マーラーのような超越的な世界、ブルックナーのような宗教
的な世界をめざしたのではなく、自分の中の様々な感情をコントロールしなが
らも、より美しい音楽、より完成された音楽、より気高い音楽を最大限創造し
ようとしたのである。

Ⅲ　ブラームスの交響曲第2番

1．交響曲第2番の成立の背景

　ブラームスには、前述したように完成された世界への憧れやこだわりがあっ
て、ブラームスにとってベートーヴェンは最大の神様であっただけに、ベー
トーヴェンが巨大な足跡を残した交響曲や弦楽四重奏曲の作曲には、膨大な
年月をかけてその準備をした。よく知られているように交響曲第1番は構想
から完成までに21年という他に比較しようのないほどの長期間を要している。
第1番の調性のハ短調は、明らかにベートーヴェンの交響曲第5番を意識し
たものであった。1876年にようやく完成された交響曲第1番と比較して、翌
年の1877年夏に南オーストリアのヴェルター湖畔のペルチャッハで3か月余
りという短期間で作曲された第2番は、他のブラームスの交響曲と比較する
と断然明るい。第1番が構想中に、ドイツ・レクイエムをはじめ、多くの作
品を作曲しながら、その構想が深められて言わば難産の上、完成されたのと
対照的であった。ほとんど同時期に作曲された作品としては、同じニ長調の
ヴァイオリン協奏曲（1878年）、ヴァイオリン・ソナタ第1番ト長調（1878年）

などがあり、自分の気持ちを抑圧して表現することが多かったブラームスの作品群の中で、最も明るく幸福感にあふれた曲が多い時期となっている。しかしそのような中でも、第2楽章にみられる複雑で屈折した表現など、ブラームスの幅広い魅力を表現している曲でもある。なお、以下の譜例については、『名曲解説全集　交響曲Ⅱ』の中の門馬直衛によるものを参考にした。

2. 交響曲第2番の分析

第1楽章　アレグロ・ノン・トロッポ　ニ長調　4分の3拍子

　冒頭の低弦によるレ―ド♯―レの主要動機（譜例11）が第1楽章のみならず、全曲を支配する重要な動機であることはよく知られている。この短2度の音程だけではなく、ニ―イという完全4度の音程も特に第4楽章で重要な役割を占めることになる。この低弦による主要動機に続いて、すぐにホルンで牧歌的な第1主題が奏でられる。譜例11の4小節目（ミ‐ファ♯‐ミ）は1小節目の反行形であるが、冒頭の主要動機と同様に非常に重要な役割を果たす。この44小節でヴァイオリンに現れる譜例12の主題は、第1主題のように聴こえるが、副主題として理解するべきであろう。やはり主要動機が入れ込まれている。チェロとヴィオラによって演奏される第2主題（譜例13）は、美しい中に陰影があり、第1主題の5小節目の上昇する音程とは逆の下降する音程を含んでいる。冒頭の主要動機は、もっと重みをもって旋律の半ばに現れる。続く譜例14と15と16は、冒頭の動機、第1主題から派生してきているのは、言うまでもない。展開部のクライマックス（譜例17）では、冒頭動機と第1主題が同時に出現し、ヘミオラ（つまり2小節をまとめてそれを3つの拍にするような表現で、例えばシューマンがピアノ協奏曲の第3楽章に多用したリズム）を伴っている。この部分に限らず、この交響曲第2番は、リズムの工夫がいたるところでみられる。

第２楽章　アダージョ・ノン・トロッポ　ロ長調　４分の４拍子

　ロ長調の楽章であるが、冒頭は暗く緊張感をもって始まり、チェロのよる下降形の動機とファゴットによる上昇形の動機がいきなり同時に奏でられる（譜例18）。この譜例19〜21のような旋律が次々にあらわれて、複雑で多彩な感情表現がなされる。第２楽章冒頭の主題はもちろんのこと、譜例19のホルンに現れるミ‐ファ♯‐ミも譜例21のシ‐ド‐レもすべて、第１楽章の主要動機に関連している。この明るい交響曲第２番の中で、最も重い楽章となっている。

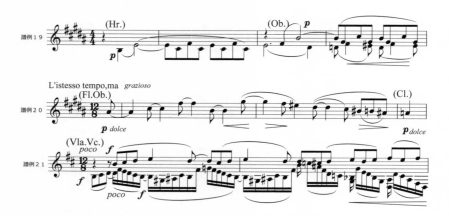

第3楽章　アレグレット・グラツィオーソ　ト長調　4分の3拍子

　メヌエットのような3拍子で優雅に始まる（譜例22）。第1楽章冒頭動機の転回（反行形：シ－ド－シ）となっているが、その後、テンポもリズムも変化が大きく、スケルツォのような部分もあって、一種の変奏曲とみなすのがよいだろう。

第4楽章　アレグロ・コン・スピーリト　ニ長調　2分の2拍子

　冒頭に弦楽器でピアノで演奏される第1主題（譜例23）は、第1楽章の冒頭の例の動機で始まるが、5、6小節では下降4度が連続し、この下降4度の連続は、他の主要動機でも頻繁にみられる（譜例24、25、28）。第4楽章では、主題の反行形はさらに徹底的に使用されており、譜例27は譜例23の反行形、譜例28は譜例24の反行形となっている。第2主題（譜例26）は、対照的に幅広い（largamente）性格のものであるが、最後の重要な主題を、譜例1のAとBを同時に出して、その新しい世界を表現するという徹底した内容となっている。第1主題とこの第2主題が最後にからみあって、華麗に曲を終える。

第4章
ブルックナーの交響曲第7番・第8番・第9番

I　ブルックナーの特異性

　アントン・ブルックナー（1824-1896）は、19世紀のドイツ・ロマン派における大交響曲作曲家であるが、いろいろな点で特異的な存在である。まず第1に、当時としては珍しい大器晩成型の作曲家であった。作曲家としての本格的な活動は、1864年に完成したミサ曲ニ短調からであり、交響曲第1番を完成したのが42歳の時（1866年）であった。第2に、当時の社会的風潮や、流行していた音楽における文学的な要素の混入などとは全く無縁な作曲活動をしており、また生涯の出来事が作曲に及ぼす影響は少なかった。第3には、常に神の恩寵に感謝しながら生活するという、ニーチェによって「神の死」が叫ばれていたような当時としては、極めて稀な作曲家であった。どの曲も高度に統一的な特色を示し、カトリックの信仰と結びつきが強い。

　その生涯については、優れたブルックナーの評伝を書いたデルンベルクが述べているように、貧しい村の子どもが、次第に成功して大聖堂オルガニストになり、音楽理論の教授になったが、オルガニストとしての経歴を終えた後に、突然作曲を始め、上昇志向を続ける中で大作曲家の地位を最後には得たというものであるが、次に詳しく述べたい。なお、第4章で示した譜例は、すべてデルンベルク著『ブルックナー　その生涯と作品』によるものを引用した。

Ⅱ　ブルックナーの生涯

1. 幼少期から聖フロリアン教師時代まで（1824-1855）

　1824 年 9 月 4 日、オーストリアのアンスフェルデンで生まれた。父アント
ン（ブルックナーと同じ名前）は小学校の教師で、ブルックナーは父親から、
ヴァイオリン、ピアノ、オルガンの手ほどきを受けた。ブルックナーが 13 歳
になる少し前に父親が 45 歳の若さで亡くなったため、母親は 5 人兄弟（12 人
兄弟であったが、7 人は若くして亡くなった）の長男であるブルックナーを聖
フロリアン修道院学校の聖歌隊児童として預けた。ブルックナーは家庭を離れ
て、修道院学校で歌唱、オルガン、ヴァイオリンなどを学んだ。16 歳で国民
学校を卒業したブルックナーは教職に進み、リンツ師範学校の教員養成講座に
通学した。1841 年からは補助教員としての仕事を始めた。19 歳頃から合唱活
動との関わりが増えて、合唱曲の作曲を始めた。1845 年、ブルックナーは正
教員の資格を取り、聖フロリアン修道院学校の助教師として 10 年間働くこと
になった。1849 年にレクイエム、1854 年にミサ・ソレムニスを作曲したが、
いずれも特定の教会行事のために作曲されたものであった。1850 年からは聖
フロリアン教会のオルガニストとしての活動も本格化した。当時からブルック
ナーは、オルガン演奏をはじめ、様々な能力証明を得ようと有力者たちに働き
かけたが、その行動をきっかけとして、1855 年から 6 年間、ヴィーンのゼヒ
ターのもとで対位法や和声法を学び始めることになった。

2. リンツ時代（1856-1868）

　1856 年からはリンツに移り、リンツの教会のオルガニストとして、活躍を
始めた。また母テレジアが亡くなった 1860 年からは、合唱団「フロージン」
の主席指揮者としても 1 年間だが活躍した。1864 年にはミサ曲第 1 番を作曲
し、1865 年に 40 歳を越えていたが、交響曲第 1 番の作曲を始め、交響曲作曲
家としての第一歩を歩み始めた。ブルックナーが交響曲の作曲に活動の重点を

移したことについては、リンツ州立劇場の指揮者キツラーのもとで、管弦学法や楽式論、さらにはヴァーグナーの作品について研究したことの影響は明らかにあった。1865 年にブルックナーは、ヴァーグナーの「トリスタンとイゾルデ」の初演を聴いたが、当時よりヴァーグナーの音楽に傾倒を終生深めていった。1867 年数字に対するこだわりが増えて、集合したものや並んでいるものの数を数えずにはおられないという強迫症状が生じている。クロイツエン温治場で冷水療法を受けたが、ブルックナーの曲に特徴的な同一音型の反復は、強迫症状とも関連が深いだろう。

3. ウィーン時代前半（1868-1882）：認められるための奮闘の時期

　1868 年、熱心な請願の後にウィーン音楽院の作曲、オルガン演奏の教授として、ウィーンに転居することになった。1871 年から 1876 年にかけては、作曲活動は活発に展開され、交響曲第 2 番から第 5 番までの初稿が作曲された。1873 年にはブルックナーはバイロイトのヴァーグナーを訪ね、交響曲第 3 番を献呈し、ウィーン・ヴァーグナー協会に入会した。このため、ヴァーグナー派対ブラームス派という芸術論争に巻き込まれ、ハンスリックをはじめとする批評家からきびしい批判を受けることになった。1874 年頃、作曲意欲は旺盛であったが、生活の経済的困難を心配し、文部省に補助金の請願をしたのをはじめ、ウィーン大学での講師など、様々な求職活動をしている。

　1877 年、ブルックナーの交響曲第 3 番が初演されたが、指揮を依頼したヘルベックが突然病死したこともあり、ブルックナー自身の指揮でなされた。ブルックナーには、オーケストラの指揮の知識・経験は乏しく、初演は悲惨な結果となり、ブルックナーが交響曲第 6 番の作曲に再び向かうまで 2 年を要した。この大失敗の背景の一つとしては、当時のウィーンにおけるヴァーグナー派（新ドイツ派として標題的な音楽が多く革命的）対ブラームス派（古典派・ロマン派で絶対音楽を基本として改良的な発展をめざす）の対立の中で、ブラームス派の指揮者や批評家から徹底的に無視あるいは批判されたことがあった。

　ただ 1877 年頃からブルックナーの経済的状況は改善されてきて、1880 年からは、これまで無給だったウィーン大学でも年額 800 グルデンの報酬が支払わ

れるようになった。1880年頃から、ミサ曲第1番の成功などもあり作曲も活発となり、交響曲第6番の作曲も進んだ。

4. ウィーン時代後半（1883-1898）：名声獲得から晩年まで

　1882年から1883年にかけては、3つのミサ曲の改訂、交響曲第7番の作曲に取り組んだ。1883年1月ブルックナーは、モットルに「ある日私は、ひどく沈んだ気持ちで家に帰ってきた。マイスターのお命はもう長くはないのではないか。そう考えていると、嬰ハ短調のアダージョが心に浮かんできた」とヴァーグナーのことを書いている。

　この楽章にブルックナーは、「今は亡き、熱愛する不滅の巨匠の思い出に」と題している。1884年に交響曲第7番がライプツィヒでニキシュの指揮により初演されたが、1885年に初演されたテ・デウムと並び、ブルックナー生涯で最大の成功作となった。1885年のミュンヘン初演後、この曲はヴァーグナーのパトロンであったバイエルン国王ルートヴィヒ2世に献呈された。1884年には交響曲第8番の作曲に着手し、1887年に第1稿を完成した。ミュンヘンでの初演を期待して信頼する宮廷楽長レヴィにスコアを送ったが、レヴィから「理解できないし演奏不能」という拒否的コメントを間接的に聞いて、自信をなくし、第8番のみならず交響曲第1番・3番・4番も大幅に改訂した。

　ブルックナーは生涯に何度も十代後半から二十代初めの女性に求婚しているが、1886年には21歳のマリー・デマールに求婚して断られている。この後も若い娘に求婚しては断られるということを、晩年の1894年まで繰り返していた。

　1890年には交響曲第8番の第2稿を完成させ、1891年には終身年給を支給されたこともあり音楽院を退職した。同年にはウィーン大学名誉博士号が授与された。1892年12月には交響曲第8番が成功裏に初演されたが、ブルックナーには交響曲第9番を完成するのに十分な時間は残されていなかった。1894年末には第3楽章まで完成されたが、1895年から1年半かけても第4楽章は完成できずに1896年10月11日、ブルックナーは死去した。

Ⅲ　交響曲第 7 番ホ長調

第 1 楽章　アレグロ・モデラート

　ヴァイオリンのトレモロで曲は始まるが、第 3 小節からチェロなどで演奏される第 1 主題（譜例 1）は、ブルックナーのすべての主題の中で最も長く美しいものである。この中には、後で様々に展開される楽節が含まれている。第 2 主題（譜例 2）は、分散和音など音の跳躍の多い第 1 主題とは対照的に、4 小節の上昇の音階的な動きができており、多彩な展開がなされ、一度クライマックスに達すると、静寂な中で、律動性のある第 3 主題（譜例 3）が出現する。それぞれの主題が展開される巨大な展開部では、法悦のような感動的な瞬間が何度も訪れる。第 1 楽章の最後は、神を賛美するかのように、ホ長調の主和音が 31 小節響き続ける。

第2楽章　アダージョ、非常に厳かにそして非常にゆっくりと

　ブルックナーのあらゆる楽章の中で最も感動のこもった楽章である。冒頭のヴァーグナー・チューバなどによるコラール（譜例4）、最後のヴァーグナー・チューバ、チューバ、ホルンによるレクイエム風の部分など、ヴァーグナーの死と関連する内容が多い（クライマックスの練習番号がWであるのも意図的なものであろう）。A‐B‐A'‐B'‐A"の5部からなるが、ベートーヴェンの交響曲第9番の第3楽章との類似も多い。Aが深い悲しみや祈りを表すのと対照的に、Bでは慰めに満ちた歌となる（譜例5）。クライマックスに、シンバルなどの打楽器を使用するべきかどうかについては、その指示がブルックナーによるものか、シャルク、レーヴェ、ニキシュといったの指揮者たちの奨めにブルックナーが渋々従ったものなのか意見が分かれるが、打楽器を任意としたハース版を使用した演奏でも、実際には打楽器を使用したものがほとんどである。テ・デウムの終曲でもこの楽章の主題が使われていることからも、ブルックナーがこの楽章を非常に気に入っていたのがよくわかる。全曲のクライマックスを作曲した後で、ブルックナーはヴァーグナーの訃報を聞き、ヴァーグナー・チューバとホルンによるコラールを作曲した。このコラールは、まさにブルックナーが崇拝していたヴァーグナーへの哀悼の音楽である。

第3楽章　スケルツォ、非常に速く　　トリオ、いくぶん遅く

　主部では、弦楽器の緊張感を伴った音型、トランペットなどによるオクター
ブと複付点を伴ったリズムが印象的である（譜例6）。トリオは、対照的に牧
歌的な表情となる（譜例7）。

第4楽章　フィナーレ、動きをもって、しかし速くなく

　冒頭に現れる第1主題（譜例8）は、跳躍音程と複付点のリズムが印象的で
ある。これに対して、第2主題（譜例9）は短いコラール主題であるが、様々
に転調されて表現されていく。第3主題（譜例10）は第1主題との関連が多
い。際立って美しい第1・2楽章と比べると、印象が弱くなりがちな終楽章を
まとめようとしたブルックナーの苦闘とその成果がみられる。またこの楽章で
は、他の楽章以上に、主題のポリフォニックな扱いが目立っており、一部バッ
ハへの接近もみられる。全曲の最後は神の賛美となり、第1楽章の第1主題が
最後に輝かしく奏でられる。

IV　交響曲第8番ハ短調

1．ハース版とノヴァーク版

　ブルックナーの曲を演奏する場合、どの版を使用するかが必ず問題となる。交響曲第8番の場合も、初稿（1887年稿）と第2稿（1890年稿）があり、第2稿もハース版（国際ブルックナー協会による第1次原典版）とノヴァーク版（国際ブルックナー協会による第2次原典版）の両者が、現在もっぱら使用されている。1887年稿と1890年稿は相当異なり、ブルックナー自身も第1稿への反省を口にしているが、1887年稿で演奏されることは非常に稀である。

　1890年稿におけるハース版とノヴァーク版の大きな違いは、ノヴァーク版の方がブルックナーの弟子たち（ほとんどが当時の指揮者）がブルックナーに提案したと思われる曲の短縮を採用していることである。このため、第3〜4楽章においては、短縮をしてしまうと全体的な整合性を欠いてしまうと思われる部分の短縮もみられる。第26回定期演奏会の演奏は、第3楽章の1か所を除き、基本的にハース版による演奏であった。

2．曲の構成

第1楽章　アレグロ・モデラート

　ヴァイオリンがppでヘ音をトレモロで弾き、同じ音をホルンが吹くという、ブルックナー特有の開始でこの曲も始まる。最初に低弦によって演奏される第

1主題（譜例11）は、断続的に出現する休符の多い不安定な感じの主題であるが、この付点・複付点のあるリズムは全曲を支配する強力なものである。この第1主題と、2＋3のブルックナー・リズムを含む上昇音階で始まる第2主題（譜例12）（またはその転回・反行形）が、第1楽章を支配している。第1楽章のクライマックスは、最後の直前におかれており、ブルックナーが「死の告知」と名付けたトランペットとホルンによる（ハ音の）第1主題のリズムの強奏が突然とぎれ、ブルックナーが「死の時計」（人生は終わりに近づくが、時計は時を刻み続ける）と呼んだリズム・音型の反復で死ぬように終わる。

第2楽章　スケルツォ　アレグロ・モデラート

　ブルックナーの他の交響曲のスケルツォ楽章同様、主部→トリオ→主部という3部分形式となっている。ブルックナーのスケルツォは、晩年の作品ほど、ゲルマン性という民族性を越えて、宇宙的な響きを創造するようになっていった。トリオも歌謡的な旋律で始まるが、キリスト教的要素も垣間見られる。

第3楽章　アダージョ　荘厳なゆるやかさをもって、だが緩慢ではなく

　ブルックナーの晩年の交響曲のアダージョはすべて素晴らしいが、このアダージョはブルックナーの交響曲の中で、最も長い楽章でもある。第1主題（譜例14）は、変イ音がクレッシェンドしながら反復され、半音上の重変ロ音に

触れた後にもとの音に戻るという形で、次に下降のモティーフを伴っている。この下降のモティーフは、第3楽章の後半（展開部的部分）で活躍し、また第4楽章の第1主題後半部とも直結する重要な音型となっている。第2主題（譜例15）は、チェロで始められるが、6度の下降音型が特徴で、この6度音型も第4楽章の第1主題後半部の特徴とも重なる。これらの主題を素材としながら、第3楽章の後半では、壮大なクライマックスが築かれる。

第4楽章　フィナーレ　荘厳に、速くなく

　ブルックナーが生涯最後に完成したフィナーレであるこの楽章には、様々な要素が矛盾することなく混在している。金管による勇壮なコラール的楽句からなる第1主題（譜例16）、弦を主体とした歌謡的・瞑想的な第2主題（譜例17）、弦と木管による悲しみの行進とも言えるような第3主題（譜例18）、それぞれが重要な役割を占めて曲が展開される。ブルックナーは晩年になる程、曲の構成を熟知し、曲の終わりに近づくほど、大きなクライマックスを形成することができた。この楽章でも第1主題の（展開部的）再現部で重要なクライマックスが3度、第2主題の再現部でもクライマックスが1度作られている。そして最後のコーダでは、全楽章の主題が同時に鳴り響き、愛する神への讃歌として曲は絶対的確信をもって肯定的に終わる。

　ブルックナーは敬虔なカトリック教徒であり、「自らの創造主を愛すること
もできずに、その存在すら信じられぬ者がいるなど、自分には考えられない」
と語っていたが、特定の信仰を持っていない方が多い日本人にとっても、ブ
ルックナーの作品、とりわけこの交響曲第８番は、音楽を通して永遠との対話
を可能にしてくれる稀有な作品であり、交響曲史上、最大の傑作の一つではな
いだろうか。

3．ブルックナー交響曲第８番の演奏論

（1）　演奏時間の問題
　ブルックナーの一つの特徴として、時間超越性がある。無時間性というと
語弊がありそうなので、時間超越性という表現を使いたいが、要するに総休止
や反復進行の多用、主題だけでなくリズムでも同じ繰り返しのパターン、細か

い動きの音の少なさといった特徴がある。外的なドラマ性を志向していない
ため、手を変え品を変えドラマを造るマーラーに比較して、同じ80分余りの
交響曲でも、ブルックナーの演奏では、演奏がさえないと曲が途方もなく長く
退屈に感じられる傾向がある。また、演奏が速すぎる時、十分豊かな表現がさ
れていないという不満が残る。この時間超越性はブルックナーの大きな魅力で
もあり、時には欠点ともなるが、それぞれの指揮者の演奏時間を確認すること
は、演奏を論じる上で参考になると思う。版の違いも若干あるが、この曲で遅
いテンポの指揮者と速いテンポの指揮者では、30分以上の違いもある。これほ
どまで演奏時間の差が出る曲も交響曲では他にないのではないだろうか（以下
の演奏時間の比較は、田中一典さんからいただいた資料を参考にして、複数回
の演奏をしている大指揮者について論じた）。

① 　一貫して速い指揮者　ベーム、ベイヌム、テンシュテット、ショル
　　ティ、ヨッフム、インバル、クーベリック、ワルター、ブーレーズ、
　　シューリヒトは、ほぼ70分台である。

② 　中間的なテンポの指揮者　フルトヴェングラー、バレンボイム、セル、
　　マタチッチ、クナッパーツブッシュは80分くらいであるが、マタチッチ
　　とクナッパーツブッシュについては、演奏によって所要時間の違いもあ
　　る。1951年のクナッパーツブッシュは70分弱だが、これはかなりの省略
　　をした改訂版を使っているのではないかと推測される。

③ 　少しテンポの遅い指揮者　ジュリーニ、カラヤン、エッシェンバッハ、
　　ヴァント、朝比奈隆は多くが80分台なかばの演奏時間となっている。

④ 　テンポの非常に遅い指揮者　チェリビダッケはシュトゥットガルト時
　　代は別にすると1993年の演奏では90分台、1994年には100分を超え、
　　最長で104分の演奏もある。

（2）　ジュリーニの演奏（ノヴァーク版）

　まずは、ジュリーニ（1914 〜 2005）の言葉から。

　　　作曲家が五線紙に書けるのはその思考の一部だけです。というのも、いくつか

の事柄は書き表すことができず――しかも、そういった事柄は最も重要なのです――また、音楽は『そこ』にはないからです。私たちがしなければならないのは音楽を『作る』ことで、常に新しく、何かが起こるよう、いつも心がけています。

　イスラエルに行った時、タボール山を訪ねました。それは砂漠の中にぽつんとひとつある小さな丘で、外界から完全に隔たった静寂に包まれていました。私はこの場所に立ってこう思いました。二千年前、まさにこの地で、ひとりのみすぼらしい男が、もうひとりのみすぼらしい男に語ったことが世界を変えた…。なぜならば、他者への愛と寛容が説かれた時に、変革の種がまかれ、過去から現在へと連なる思想がはぐくまれたのですから…。そして、この教えの中に、私の精神的・社会的・実際的な全ての問題が解決するすべがあるのです。

　コンサートには、規定できないけれど、全てを一変させる、神秘的なプラスの要素があるのです。おそらくは聴衆が重要な役割を果たしているのではないでしょうか。それは演奏の単なる受動的な要素ではありません。彼らの感動は、私たちにも返ってくるのです。たいていのオーケストラ奏者は繊細な魂の持ち主で、自分たちに向けられている集中力を感じ取っています。つまり、どちらが与え、どちらが受け取るか問題ではないのです。これは愛のようなものです。理想の愛と同様、理想の演奏は、二つのエネルギーが完全に混ざり合ったところにあるのです。

　私は指揮者という概念が嫌いなのです。指揮台は危険なもの…。それは心の指揮台になりがちで、指揮者はこれを、自分が全世界と人間生活をへいげいするための正当な場所と勘違いしてしまいがちなのです。その意味合いにおいて、指揮は危険な職業です。だから、私たち指揮者はあらゆる事柄、わけても作曲家とそのスコア、そして、それを実際に音にしてくれる仲間に謙虚にならなければなりません。

　ジュリーニは、1914年生まれで、ローマ音楽院で作曲やヴィオラを学んだが、18歳でオーケストラの団員となり、その後サンタ・チェチーリア音楽院で指揮も学び、その後ファシストと戦争を嫌悪して、9か月地下に潜伏したという経歴があった。ジュリーニについては、ブルックナーとは直接関係がなさそうなことを紹介したが、ジュリーニの言葉などにもその演奏を理解する鍵が潜んでいると考えて記した。

　1984年のウィーン・フィルとのCDと1985年のワールド・フィルとの映像

が聞くことができる。後者は、ノーベル平和賞受賞のセレモニーの一貫として演奏されたので、固定したメンバーのオケではなさそうである。いずれもジュリーニ（1998 年に引退し 2005 年死去）が晩年の到達した高い境地を示す優れた演奏である（ジュリーニはブルックナー同様、大器晩成型の音楽家で、晩年の演奏はすばらしい演奏が多いと思う）。テンポは、前者が 87 分 32 秒、後者が 83 分 8 秒と遅い目であるのにもかかわらず、無時間性といった印象はなく、いずれの演奏でも、ブルックナーの演奏の生命とも言うべき、祈りの世界も表現されている。前者の方が遅いのは、オケの技術が高く、遅い演奏に耐えられるためだろう。ジュリーニ（ジュリーニは元ビオラ奏者である）の特徴である弦楽器のカンタービレ奏法（？）とも言うべき、常にべったりとレガートで弾く演奏のため、3 楽章など表現が柔らか過ぎる印象はある。また総休止の取り方も長い目だが、遅い中にテンポ設定も構成的であり、終楽章コーダのＵ u からの ruhig の部分も、テンポ設定が難しいところであるが、遅すぎずに説得力のあるテンポとなっている。

（3）　チェリビダッケの演奏（ノヴァーク版）

　チェリビダッケ（1912-1996）の演奏による交響曲第 8 番を聞くことができるのは、1970 年代のシュトゥットガルト放送交響楽団との録音と 1980 年代から 1993 年にかけてのミュンヘン・フィルとの録音である。共に一聴の価値のある極めて個性的な演奏であるが、演奏様式の変化としては、まず演奏時間が著しく異なる。前者は、83-85 分くらいと中庸〜少し遅い目の演奏であるのに対し、ミュンヘン・フィルとの演奏は、前述したように 100 分前後の演奏が多く、極めて遅い。チェリビダッケは、「レコードで聞けるものは、音楽とは全く別のものだ。それは単なる響きに過ぎない。本来の音楽はレコードでは全く消え去ってしまっている」と述べているので、チェリビダッケの残された録音について述べると、天国にいるチェリビダッケから叱られそうである。私自身は、チェリビダッケの演奏会を、演奏会だけで十数回（練習を含めるとその倍くらい）聴いたが、東京で聴いたミュンヘン・フィルとのブルックナーの 8 番は、それほど感動できなかった。同じブルックナーでも 4 番（こちらはミュン

ヘンと東京で３回聴くことができた）の方がはるかに素晴らしかったと思う。
ブルックナーの演奏において、神への祈り、宇宙的な響き、ゲルマン的土俗性
と歌謡性などの要素が重要であるが、チェリダッケ／ミュンヘン・フィルの演
奏では、祈りはキリスト教的というより、むしろ禅的な印象すらあるし、チェ
リビダッケ的な宇宙が構築されている。

　チェリビダッケの練習を何回か見て一番驚いたのは、チェリビダッケが練習
にもスコアを持っていなかったことである（協奏曲の場合はスコアがあった）。
信じられないような稀有な練習の仕方であるが、この方法を続けると、曲に
よっては、作曲家の個性よりも、演奏家の構成ばかりが目立つことになってし
まうだろう。なぜならオケとの練習期間は、指揮者にとっても、スコアを前に
して曲のすばらしさを再確認・再発見しながら、オーケストラ奏者と共有でき
る貴重な瞬間であるから。

　８番に関しては、シュトゥットガルト放送交響楽団との演奏の方が、はるか
に緊張感があって、すばらしい演奏ではないだろうか。この曲でも１楽章は完
璧であるし、終楽章の練習番号Ｔの内面的な歌わせ方など、他に比べるものが
ない程の演奏であると思う。なお、『評伝チェリビダッケ』の著者ヴァイラー
は、「この８番の演奏は、チェリビダッケのあらゆる名演奏のなかでも掛け値
なしの最高位に位置する演奏である」と述べている。筆者自身は、フルトヴェ
ングラーの演奏が、総じて第二次世界大戦中が最もすばらしいように、チェリ
ビダッケの演奏についても、一般的にシュトゥットガルト時代の方が、チェ
リビダッケの気力も充実しており、曲による出来不出来の差が少ないように思
う。

　チェリビダッケのブルックナーに関する言葉を引用する。

　　ブルックナーが存在したという事実は、私にとって神の最も大きな贈り物であ
　る。
　　彼はあらゆる時代の最も偉大な交響曲作曲家である。響きをたがいに結べつけ
　合いながら、それを宇宙にまで形成できたものはブルックナー以外はいない。
　　ひとつの新しい次元というものがあって、それはブルックナーの場合絶対的な
　条件となる。それは広がりのある思考であり、信じがたいほど突きつめられたも

のである。彼ほど時間と空間を極限にまで結びつける能力をもった作曲家はいなかった。それこそがブルックナーの超人的な次元である。

　ブルックナーの《第8番》はエゴから逃れられない人間にとって、それを脱するこの上ない教材である。ブルックナーの《第8番》は交響曲作法の頂点をなす。

　私はブルックナーが発見された時代に生きているのは運命の賜物だという思いをいつも捨てられない。

　チェリビダッケは1912年にルーマニアで生まれ、24歳でベルリンに移住して、作曲と指揮を学んだが、終戦直後の1945年8月にベルリン放送交響楽団の指揮者コンクールに入賞するまで、全く無名の存在であった。そのような彼を一躍有名にしたのは、フルトヴェングラーが非ナチ化裁判のために指揮を許されなかった1945年から1947年にかけて、主席指揮者として、戦後の混乱のただ中にあったベルリン・フィルを指揮して、ベルリン・フィルの再建に尽力をつくしたことであった。フルトヴェングラーが亡くなって2週間後にベルリン・フィルがカラヤンを常任指揮者に選び、カラヤンがチェリビダッケを徹底的に無視したこともあり、カラヤンが亡くなった後の1992年、ドイツ大統領ヴァイツゼッカーの要請で、ベルリン・フィルを指揮するまで、ベルリンには戻らなかった。その間、コペンハーゲン、ストックホルムなどで、常任指揮者を務めたが、先に述べたようにチェリビダッケがシュトゥットガルト放送交響楽団で常任をしていた60歳代が最も充実した演奏を多くしているのではないだろうか。その時代である1977年初来日をして、またそのすぐ後にもう一度来日して読売日本交響楽団を指揮し、入念な練習をして多くの名演を聴かせて、日本でも非常に評判となった。筆者も、ブラームスの交響曲第4番や、レスピーギの「ローマの松」、ヴァーグナーの「トリスタンとイゾルデ」の前奏曲と「愛の死」などを聴いたが、その鮮烈な印象はいまだに残っている。1979年から亡くなる1996年までミュンヘン・フィルの音楽監督をし、その時の録音などが、チェリビダッケの死後発売されているので、私たちは彼の芸術の片鱗に触れることができる。筆者自身も、ミュンヘンに留学中していた1983年から1984年にかけて十数回、チェリビダッケの練習と演奏会が聴けたのは、本当に幸運であった。一番の驚きは、ppの美しさ、ffでも決して音が壊れず透

明感を保っていることであった。

　チェリビダッケは毒舌で有名であるが、今回のブルックナーにも関わる部分をあと少し、紹介させていただく。

　　　わたしはカラヤンのなしたことの全部は評価しない。彼にはエゴがありすぎる。そんなエゴが働く時には彼の自由な精神はひどく濁ったものになりやすい。そんなエゴに突き動かされると、ブルックナーの皮膚の下にもぐり込むことなどできはしない。ブルックナーを演奏する条件は、エゴの放棄である。ブルックナーの場合、曲をいじくりまわさず、素直にやらねばならない。
　　　音楽を魅力的と思ってはならない。それは、はかないものを永遠化する一度かぎりの機会なのである。
　　　音楽の本質は音と人間の関係性の中にある。そして響きのこの時間的な構造と人間の感情との間の関係を探求することにある。

（4）　フルトヴェングラーの演奏（ハース版を若干短縮）

　フルトヴェングラー（1886-1954）は、1905 年に歌劇場で指揮活動を始めたが、コンサート指揮者としてデビューした演奏会のメインの曲目がブルックナーの交響曲第 9 番であった。1896 年にブルックナーが交響曲第 9 番終楽章を未完成のまま亡くなり、1903 年に改訂版（レーヴェ版）で初演されたばかりであること、ブルックナーを指揮したのが弱冠 20 歳であったことを考えると、ブルックナーがフルトヴェングラーにとって、いかに重要な作曲家であったかが、よくわかる選曲であった。筆者自身、ブルックナーの 7、8 番を初めて聞いたのは、中学 3 年生の頃、この両曲のフルトヴェングラーの録音が当時（1965 年頃）初めて発見されて、3 枚組の LP で発売され、それに飛びついて買ったものによってであった（この音源の発見は、当時反響を呼びレコードのアカデミー賞を受賞していた）。

　フルトヴェングラーはブルックナーについて、以下のような言葉を残している。

　　　ブルックナーは芸術を通してひたすら永遠を希求し、永遠のために創造しました。

　人間感情の全域に浸透するブルックナーの音楽は、一つの音として、永遠者との真実の生きた結合を示さない音はありません。

　フルトヴェングラーのブルックナーは、魅力と問題点の両方が混在していると思う。一番の魅力は、やはりその永遠に向かおうとする緊張感、充実感である。ブルックナーの演奏で、緊張感の欠けた、いつ終わるともわからないような、あるいは速すぎて何も訴えてこない多くの演奏を聴くと、フルトヴェングラーの演奏は一度聴く価値はある。しかし、一番の問題としては、しばしばクライマックスに向かって速くなるそのテンポ設定であり、特に第3、4楽章ではその問題は顕著である。ベートーヴェンやブラームスの場合、絶大な効果を示すこの特徴は、ブルックナーにおいては、やはり世界が違うという印象が否めない。

（5）　シューリヒトの演奏（ノヴァーク版を若干短縮）

　シューリヒト（1880 - 1967）は、フルトヴェングラーより6歳年上であるが、80歳代でも元気に指揮できたために、1963年のウィーン・フィルとのブルックナーの録音を聞くことができる。シューリヒトは1944年にスイスに亡命するまで、32年間ドイツのヴィスバーデン市立劇場の指揮者を務めたことからもわかるように、ドイツの古典派・ロマン派の伝統を継承した指揮者とみなされている。ブルックナーの指揮に関しては、ドイツ・オーストリアの指揮者の中で、20世紀中頃では、フルトヴェングラー、クナッパーツブッシュたちと並び、権威とみなされていた。ブルックナーの8番の演奏も、テンポが71分と非常に速く、無骨であっさりした演奏となっているが、音の充実感はありブルックナーの8番があまりにも長いと感じる方にはお勧めの演奏である。ただ録音のせいか、演奏のせいか、音量の幅（特にpp）は乏しい。

（6）　クーベリックの演奏

　3種類の演奏を田中一典さんのご厚意で聴くことができた。一番素晴らしいのは、常任指揮者を長い間務めていた手兵ともいうべきバイエルン放送交響楽

団の2種類（1963年、1977年）の演奏ではなく、1971年にクリーヴランド管弦楽団と演奏した演奏である。クリーヴランド管弦楽団は、1960年代はずっとセルが統率していて、セルが亡くなる1970年頃にはアメリカで文句なしのナンバーワンのオーケストラであった。またクーベリック（1914-1996）は、1971年頃は指揮者として最も精力的に活躍していた全盛期であった（クーベリックは作曲家としても、多くの作品を残している）。このような両者の出会いの中で、この名演が生まれたと思う。

　当時のクーベリックがいかに素晴らしい音楽家であったかについて、個人的な思い出を書かせていただきたい。1974年頃、クーベリックがバイエルン放送交響楽団と来日した時に、マーラーの交響曲第9番を演奏するということで、東京まで聴きに行った。しかし演奏会場が日比谷公会堂であったため、音響がマーラーには悪すぎるということで、曲がベートーヴェンの交響曲第7番他に変更されてしまった。マーラーを聴きに行った筆者を始め、多くの聴衆が失望したが、演奏はその失望感をはねかえす素晴らしい出来映えであった。この体験で筆者はクーベリックを大好きになった。

　クーベリックはチェコで名ヴァイオリニストの父親の子どもとして音楽教育を受け、若くしてチェコ・フィルの常任指揮者になり、将来を嘱望されていた。しかし戦後のチェコの共産党体制に疑問を感じ亡命したため、苦労を重ねたと思われる。クーベリックの演奏は、テンポも比較的速めで、質実剛健という感じの演奏が多く、ブルックナーの8番でも演奏時間は約80分と速いものが多い。ブルックナーの演奏で最も大切にしたいと筆者自身思っているのは、神への祈りであるが、これはその指揮者自身の人柄や人生観・音楽観から出てくる要素も大きい。少なくとも筆者にとって祈りの感じられない演奏はブルックナー指揮者と呼ばれている大指揮者の演奏でも多いが、クーベリックには祈りが明らかに存在している。クーベリックはマーラー演奏の第一人者として、バーンスタインと並び、1960年代にマーラー交響曲全集を誰よりも早く録音した。ブルックナーとマーラーは、以前に述べたように晩年になる程、二人の作品の共通点は多くなっている。クーベリックのブルックナーも4番などは平凡な演奏であったが、8番が素晴らしいのも、クーベリックの音楽性・人間性

が後期の作品にみられる宗教性・精神性（いわゆるスピリチュアリティも）を表現するのにふさわしいからではないだろうか。

　最後に、クーベリックの思い出をもう一つ書かせて頂きたい。1984年にスメタナ没後100年を記念して、クーベリックは「わが祖国」をスメタナが亡くなった5月に演奏し、その記録はCDにもなっている。その練習にも何度か通ったが、偶然クーベリックと出会った時、筆者が会釈するとその会釈に笑顔で返してくれた、その暖かさが忘れられない。

V　ブルックナー交響曲第9番

1.　成立の背景

　ブルックナー（1824-1896）が交響曲第9番の作曲にとりかかったのは、1887年の9月で当時63歳になっていた。当時のブルックナーは、第8番の第1稿を指揮者レーヴィに送った時の冷たい反応から自信をなくしていた。この頃、交響曲第8番の改訂ばかりでなく、交響曲第3番や第1番の改訂などにも携わっていたため、第9番の作曲はなかなか進まず、ようやく取り組めるようになってきたのは、1890年からであった。1892年に第1楽章が、1893年には第2楽章が完成、しかし1893年には遺書を書くほどまで健康状態は悪化していた。そして1894年に第3楽章が完成したが、第4楽章を最後まで完成させる時間と体力は残されていなかった。第4楽章の作曲は、最晩年の2年間で続けられたが、最後の部分まで達せずにブルックナーは亡くなっている。

　ブルックナーは、その生涯と作品が直接的に関連した作曲家ではないが、交響曲第9番は、明らかに死を意識した箇所が随所にみられる。1893年3月には、友人への手紙に以下のように書いている。

　　これでどのような状態かおわかりだろう。わたしはオルガンの演奏も許されていないし、また音楽を聴きに行くのも意のままにならない。すべてが神の思い召しのままなのだ。

　ブルックナーは、これまで作品の成功や出世を願う気持ちから、王侯貴族に曲を献呈している。例えば交響曲第7番は、バイエルン国王のルートヴィッヒ2世に、交響曲第8番はオーストリアの皇帝に献呈された。しかし第9番は神に捧げられた。死を目前にしたブルックナーの神への祈りは、曲の随所に明らかに認められる。

2.　曲目分析

第1楽章　荘厳に、ミステリオーソ

　「神秘的で荘厳に」と記載されている。第1主題は、冒頭から74小節までと長いが、特に重要な部分は譜例19〜21である。譜例20のユニゾンの主題は厳粛な性格をもち、譜例21の最後では既に一つのクライマックスを形成している。これに対して、牧歌的な慰めに満ちた第2主題（譜例22）は、冒頭から4声のポリフォニックな特徴を示しており、第2主題から導き出される譜例23の部分は、特に美しい。人が自らの残り少ない人生を意識しながら知覚する世界は、特別な次元の美しさを帯びると言われるが、同様な表情の豊かさがあるのではないだろうか。ブルックナーのソナタ形式では、古典的なソナタ形式の場合とは異なり、第3主題まであることが特徴的だが、第3主題（譜例24）は、第1主題と同じニ短調であり、立ち止まって内省するような性格をもつ第1主題と異なり、テンポも少し速く、流れるような主題である。

　第1主題と第3主題が展開された後、譜例20の部分の第1主題が激烈に再現される。すると曲想が突然変わって、行進曲風の雰囲気となり、第1主題（譜例20）の三連音符の動機あるいはその反行形を中心として曲はすさまじい推進力をもち、ついにカタストロフに達する。このあたりはゴルゴタの丘に向かうキリストのようでもあり、「怒りの日」のようにも思われる峻厳とした場面である。そのカタストロフの直後で弦楽器によって歌われる譜例25の部分は、この傑作の中でも最も美しい箇所の一つである。この後、第2、第3主題の再現・展開を経て、曲は壮大なクライマックスを迎える。このコーダ（終結部）は、譜例20、21、25の動機がほとんど同時に進行することにより、信じられない程の高みに達する。この第1楽章は、曲の最後に向かうほど、クライ

マックスが次第に拡大していくという稀有な構成をもつ曲であり、演奏時間が約25分と長いにもかかわらず完璧な姿を示している。

第2楽章　スケルツォ　躍動をもって、いきいきと　　トリオ　速く

　スケルツォとは、イタリア語で、冗談や気紛れを意味しており、急速な3拍子で軽妙な曲が多いが、このスケルツォ楽章は異様である。この楽章の異常性は2つ指摘できるだろう。まず、主題（譜例26）をヴァイオリンのピッツィカート（弦を指ではじく奏法）で提示した後、冒頭部分のD（レ）の音の反復に続く異様な和音の連続がある（譜例27）。20世紀の音楽ならともかく、19世紀末にこのような宇宙的な雰囲気の作品が生み出されたことは奇跡的で、ブルックナーのこれまでのスケルツォ楽章には見られなかった雰囲気である。

　もう一つの異例な特徴は、スケルツォ楽章の中間部、すなわちトリオにあたる部分にある。ブルックナーの他の交響曲では主部よりもゆっくりとしたテンポで演奏されることが一般的であるが、この第2楽章では、トリオでさらに速いテンポとなって、譜例26とは逆に上昇音型の主題が2オクターヴあまりの高さまで繰り広げられる。トリオの中間部に現れる叙情的な旋律（譜例28）も速いテンポのまま保たれて、調性も揺れ動き、感傷的になることは一切ない。スケルツォ楽章の後半はブルックナーの型どおり、主部がそのまま繰り返されて、第3楽章の至高の世界に移行していく。

第3楽章　アダージョ　ゆっくりと、荘厳に

　このアダージョは、ブルックナーの生への別れの曲となった。曲は4つの部分から構成されている。第1部で、第1ヴァイオリンだけで演奏される冒頭の第1主題（譜例29）は調性が不明瞭で、5小節目になってニ長調が明瞭になったと予想できるが、すぐ後にようやく本来のホ長調に一瞬たどりつく。この冒頭の表現豊かな曲想は、後世（例えばマーラーの交響曲第10番第1楽章の第1主題など）への影響も大きかったと考えられる。この後、トランペットとホルンの対話（ホルンは譜例30）による神への賛美を経て、ワーグナー・チューバによる譜例31の旋律が媒介となって、次の安らぎの世界を象徴するような第2主題（譜例32）が現れる。

　第2部は、冒頭の主題が再び演奏された後、すぐに上昇短9度音程の動機やその反行形、すなわち下降9度の音型などによる展開、第2主題の変奏などを経て、譜例33の旋律が燦然と弦楽器などによって奏でられる。これは譜例31の変奏であり、「生への別れ」の主題とも考えられる。この後、曲は第3部に進む。第3部では、最初は第2主題により盛り上がり、最後は第1主題により全曲最大のクライマックスを迎える。この破局的和音（嬰ハ短調の主和音と嬰ヘ・イ・ハ・嬰ニの減7の和音がぶつかる）の後、第4部となり、最後は交響曲第8番の第3楽章の主題、そして交響曲第7番の第1楽章の冒頭主題を回想して、安らぎの世界のうちに曲を閉じる。

第5章
マーラーの生涯・作品とその時代的背景

I　マーラーの生涯

　マーラーの生涯は、①チェコで過ごした子ども時代、②ウィーンにおける修業時代、③各地の歌劇場の指揮者としてキャリアを登りつめた時代、④ウィーンの宮廷歌劇場の監督としてオーストリアの音楽界の頂点を極め、アルマとも結婚し2人の子どもに恵まれた時代、⑤長女を亡くし、ウィーンの宮廷歌劇場をやめて、夏の休暇以外は1年の多くをニューヨークで指揮者として過ごすようになった晩年に分けられるだろう。

1.　若き日のマーラー

　1860年7月7日、グスタフ・マーラーはボヘミアのカリシュトに12人兄弟（ラ・グランジュによれば14人兄弟）の第2子として生まれた。両親はともにユダヤ人で、父ベルンハルトは、乱暴な性格であったが野心家で、行商人から店を構えて酒造業を営むまでに至った。母親マリーは、心臓病で足が悪く病弱で、優しい性格であった。マーラーは母親思いで、父親について語る時は冷淡であった。相次いで生まれたマーラーの兄弟たちのうち、5人は幼くして病気で死んだ。

　マーラーはチェコ東部のモラヴィアの田舎町イーグラウで育った。両親ベルンハルトとマリーは、14人の子ども育てようとしたが、そのうち4人が成長できた以外は、すべて幼少時に亡くなってしまった。特に父ベルンハルトは、

上昇志向が強く乱暴なところもあったが、雑貨屋から店を構えて酒造業を営む
までになった。一方、母マリーは、心臓病で足が悪く、控えめで柔和な性格で
あったという。「両親は、まるで火と水のようにお互いにそりが合わなかった」
とマーラーは述べている。マーラーは実質的に長男（第二子であったが第一
子は幼くして死去）として、弟妹たちを世話する役目も幼い時から引き受けて
いた。特に一つ年下の弟エルンストとは仲が良かったが、マーラーが 14 歳の
時、エルンストは苦しみながら病死した。このように死と隣り合わせの体験は、
後のマーラーの心に深く刻み込まれた。1879 年にマーラーは友人のシュタイ
ナーに以下のような手紙を書き送っている。

> ぼくの人生の青ざめた姿が、とうの昔に過ぎ去ってしまった幸福の影のように
> そばを通り過ぎてゆきます。…そしてそこには手回しオルガン弾きが立ち、やせ
> こけた手で帽子を差し出しています。その調子はずれの音の中からシュヴァーベ
> ンのエルンスト公のあいさつの声が聞こえてきます。そしていよいよ姿を現し、
> こちらに向かって大きく手を差しのべるのです。そこでそちらに目をやると、な
> んとそれはぼくの哀れな弟なのです…。

マーラーは、ほとんどの作品において死の問題について触れているが、その
原体験はこのように少年時代までさかのぼることができる。当時、マーラーは
ウィーン音楽院で作曲家になることを目指していたが、シュタイナーにまた次
のような手紙も書いていた。

> 喜ばしい生命力の最高度の灼熱と、身も細るほどの死への憧憬。この両方が交
> 互に僕の心を支配している。ひとつだけわかっていることは、こんなふうにこの
> まま続いていくことはもはやありえないということ。（中略）荒々しく僕は、む
> かむかする味気のない生活の泥沼に僕をつなぎとめているものを引きちぎる。そ
> してやけくその力で僕の唯一の慰めである苦悩にしがみつくのだ。すると太陽が
> 僕にほほえみかける。と、どうだろう、心に張りつめた氷が溶け去り、ふたたび
> 青い空と風にそよぐ花々が目に映る。僕の嘲笑はいつの間にか愛の涙の中に溶け
> 去ってしまう。そして僕は世界を愛さずにはいられないのだ。

このように、死や自然というテーマは、マーラーにとって若い日々から死

の直前まで取り組まざるを得ない問題となっていた。1875 年からマーラーは
ウィーン音楽院で学んだが、在学中にブルックナーの講義にも出席し、また
ヴァーグナーの楽劇にもなじんでいった。またマーラーは若い時から、ドスト
エフスキーの小説をはじめ、様々な文芸に詳しかったが、自分にとって神聖な
のは「芸術、愛、宗教」だけだと 1879 年に述べている。

　15 歳になりマーラーはウィーン音楽院で作曲やピアノを学んだ。作曲家と
してコンクールに出品したカンタータ「嘆きの歌」が、期待したような評判を
得られなかったこともあり、マーラーは 1881 年以来、歌劇場の指揮者として
活動を始め、次第に有力な劇場の指揮者としての階段を登っていくことになっ
た（表1）。両親と妹のレオポルディーネは 1889 年に病死、弟のオットーは
1895 年に自殺した。このためマーラーには、多くの弟や妹たちの大黒柱とな
ることが要請された。

表1　マーラーの主要作品と作曲年代

作品	作曲年代	マーラーによる 全曲の初演	指揮の主な活動場所
嘆きの歌	1878 〜 1880	1901	
さすらう若人の歌	1883	1896	カッセル
交響曲第1番「巨人」	1884 〜 1888	1889	カッセル〜ライプツィヒ
交響曲第2番「復活」	1888 〜 1894	1895	ブタペスト〜ハンブルク
少年の魔法の角笛	1888 〜 1901	（個別に初演）	ブタペスト〜ハンブルク〜ウィーン
交響曲第3番	1895 〜 1896	1902	ハンブルク
交響曲第4番	1899 〜 1900	1901	ウィーン
交響曲第5番	1901 〜 1902	1904	ウィーン
亡き子を偲ぶ歌	1901 〜 1904	1905	ウィーン
交響曲第6番「悲劇的」	1903 〜 1904	1906	ウィーン
交響曲第7番「夜の歌」	1904 〜 1905	1908	ウィーン
交響曲第8番	1906	1910	ウィーン
交響曲「大地の歌」	1907 〜 1908		ウィーン〜ニューヨーク
交響曲第9番	1909 〜 1910		ニューヨーク

2. 壮年期のマーラー

　マーラーはハンガリー王立歌劇場、ハンブルク市立劇場など次第に名門歌劇場へと登りつめて、1897 年にウィーン宮廷歌劇場の音楽監督に就任した。また 1902 年には 19 歳年下のアルマと結婚し、同年に長女マリア・アンナが出生、1904 年には次女のアンナ・ユスティーナが生まれた。秋から春までの音楽シーズンは、ヴィーン宮廷歌劇場の指揮者として多忙な日々を送り、自作を指揮する機会も増えていった。

　マーラーは、仕事上の完璧さを何よりも求める強迫的性格であったが、指揮者として厳しく指導し、その演奏のレベルの高さは激賞されるものの、劇場のスタッフと衝突することは若い時からしばしばあり、当時の反ユダヤ主義の風潮も加わって、マーラーに誹謗中傷が加えられることがしばしばあった。ユダヤ人としての自己の存在について、マーラーは「私は三重の意味で故郷喪失者だ。オーストリア帝国におけるボヘミア人として、ドイツにおけるオーストリア人として、そして全世界におけるユダヤ人として」と述べている。歌劇場での楽長としての仕事が多忙であったため、作曲家としての活動は十分できず、表 1 に示すように、マーラーが毎年のように大作を作曲できるようになったのは、ウィーン宮廷歌劇場監督へ就任してからである。生活が経済的に安定した1890 年代の後半から、夏の休暇中に別荘の近くに作った作曲小屋で作曲活動に専念するという生活を続けていた。そして 1900 年以来 1907 年まで夏の休暇地となったヴェルター湖畔のマイエルニッヒで、交響曲第 8 番をはじめ多くの作品を作曲した。

　1897 年におけるウィーン宮廷歌劇場監督への就任に先立ち、ユダヤ教からカトリックに改宗した。この改宗は、まずは監督就任への障害を取り除くためであったが、同時にマーラーはカトリックの神秘性に終生惹かれてもいた。

　1902 年には、有名な風景画家であったシンドラーの娘アルマとの結婚（なお結婚の 10 年前に父親のシンドラーは亡くなっていた）と長女マリア・アンナ誕生、1904 年には次女アンナ・ユスティーナ誕生という大きな出来事があった。アルマはマーラーより 19 歳年下で、美貌と知性にあふれ、特に作曲につ

いては堪能でツェムリンスキーに学び（マーラーと知り合う前、この二人は恋
人関係であったという）、ウィーンの社交界でも有名であった。アルマとの結
婚生活は、マーラーの交際範囲を拡げて、マーラーの作風がより洗練されたも
のになることにも影響した。このようなアルマの援助のもとに、いっさいの俗
事を超越して、指揮においても作曲においても、精神の理想に向かって邁進し
ていくことができた。結婚以来アルマは、「マーラーによりかかるいっさいの
禍を払いのけ、ひたすらこの人のために生きることが、私の使命なのだと感じ」
マーラーにつくそうとした。マーラーは一方、自分の理想を追求し続け、アル
マには結婚前までしていた作曲活動を禁じ、アルマに対してはしばしば教師の
ようにふるまった。アルマの方では、このような夫婦生活への不満は次第に大
きくなっていった。

3. 晩年のマーラー

　1907 年 7 月に深く愛していた長女マリア・アンナが 4 歳 8 か月で亡くなっ
た後は、マイエルニッヒにはマリア・アンナの思い出が多いため、南チロルの
ドロミテ山脈中にあるトープラッハが新たな休暇地に選ばれた。マーラーは、
ウィーン宮廷歌劇場監督の辞任、長女の死、自身の心臓病の宣告という悲劇
に襲われた 1907 年夏には、さすがに作曲に没頭することが困難な状況であっ
たが、その中で、1907 年の 7 月に出版されたばかりのベートゲの「中国の笛」
に基づき、交響曲「大地の歌」の作曲を始めた。1908 年夏には「大地の歌」
がほとんど作曲され、1909 年の 10 月に完成した。また交響曲第 7 番の初演が
1908 年の 9 月にプラハでされている。この第 7 番の初演の準備には、マーラー
の弟子でもあったヴァルターやクレンペラーも駆けつけ、マーラーの健康状
態、精神状態もよくなっていった。1908 年から 1909 年にかけての冬の演奏会
シーズンは、健康状態も最高であったと妻アルマは記録している。
　夫婦生活の危機が突然表面化したのは、アルマが療養先で青年建築家グロー
ピウスとの愛情関係に陥った 1910 年のことであった。マーラーが発熱の徴候
をしめし、体調が時々悪化するようになったのは、1910 年 9 月における交響
曲第 8 番の初演の頃からであった。1910 年 7 月末にアルマが建築家グロピウ

スと愛し合っているのを知った後のショックが、マーラーの免疫力を落としたことは十分に考えられるだろう。苦悩の中で交響曲第 10 番の作曲をすすめたが、1910 年 9 月にウィーン南西のゼメリングに土地を買う契約をし、最後の演奏会後の 1911 年 3 月 8 日に来期の契約をしたことからもわかるように、ニューヨークで多忙な生活を送り、未来への希望は持っていた。だが 1911 年 4 月には望みがないことを知ったマーラーは、重病の中ウィーンに戻り、1911 年 5 月 18 日に亡くなった。

II　マーラーの作品

　マーラーの作品は、彼の人生との関わりの中で論じられることが多い。マーラーの作品は通常 3 期に分けられ、交響曲第 1 番から第 4 番までの歌曲と関連の深い作品を作曲した時代は上記（55 ページ）の③に、交響曲 5 番から第 7 番までの器楽だけによる作品群、そしてこれまでの作品の総決算のような規模を誇る交響曲第 8 番までが④に、そして交響曲「大地の歌」から未完成の交響曲第 10 番までが⑤に概ね対応する。

　マーラーの主要作品を表 1 に記したが、特に交響曲第 1 番から第 4 番までは、マーラーの歌曲集と関連が深い。交響曲第 1 番が「さすらう若人の歌」と、第 2・3・4 番が「少年の魔法の角笛」と直接関連し、第 9 番には「亡き子を偲ぶ歌」からの引用がある。

　作品の上では、ベートーヴェンの交響曲第 5 番に象徴される「苦悩から歓喜へ」という理念などを音楽上でそのまま表現したのは、せいぜい交響曲第 5 番までであった。第 5 番や特に第 7 番の終楽章は、歓喜のように終わるが、実は勝利のファンファーレというよりは、どこかパロディーであったり、カーニバルのようなお祭りであったりした。そしてその後、マーラーの作風は永遠なものを求める方向に転換していく。交響曲第 10 番は未完成に終わったが、交響曲「大地の歌」や交響曲第 9 番において、マーラーの作品は比類のない高みに達した。

Ⅲ　20世紀初めのウィーンとマーラー

1．マーラーにとってのウィーン～オーストリア

　チェコに生まれたユダヤ人として、ドイツ語を母国語としたマーラーは、異邦人としての自己意識を強く持っていたが、学生時代を過ごし、マーラーの全盛期とも言うべき1897年から1907年までウィーン宮廷歌劇場監督として活躍した町であるウィーンは、マーラーにとって特別な思いのある都市であった。その反面、ウィーンの音楽的風土への不安も強く、マーラーは交響曲第1番から第8番まですべて自ら指揮し初演しているが、初演の場所としてウィーンを選ぶことはなかった。当時オーストリアで反ユダヤを掲げるグループの活動も激しく、マーラーは劇場改革に関する要求とその完璧主義的な遂行、ベートーヴェンなどのドイツ系オーストリア人が誇る作品の管弦楽法の修正、自作の公演のためにウィーンを離れることがあったことなどの理由で、ユダヤ人宮廷歌劇場監督として次第に様々な非難を受けるようになった。ウィーン宮廷歌劇場監督を辞任する前には、ウィーンの新聞紙上でもマーラーに反発する記事も多く、辞任に際してマーラーが書いて宮廷歌劇場にはった挨拶文も翌日には心ない誰かによって破られていた。一方マーラーの熱狂的な支持者も多く、1907年12月7日にマーラー夫妻がウィーン西駅を出発してウィーンを去る際には、シェーンベルクとヴェーベルンによって呼び集められた200人の友人（その中にはベルク、ツェムリンスキー、ホーフマンスタール、クリムト、シュニッツラー、ロラーもいた）が列車の出発を見送った。

　その後のニューヨークでの生活ではウィーンへの郷愁は強く、1908年のヴィーテンブルック伯爵夫人への手紙では、「小生の望郷の念は、この間ずっとそれに責め苛まされておりましたのですが（残念ながら小生、根っからのウィーンっ子であることから抜けられません）、今はあなたもご存知のとおりのあるたかぶった憧れへと変わってまいります」と書いている。1911年4月に病が重いことを知ったマーラーは、ウィーンに戻って死ぬことを望ん

だ。マーラーの、オーストリアそしてウィーンの風土に対する執着は、むしろニューヨークでの生活が多くなった 1908 年以降強まっているだろう。マイエルニッヒやトープラッハの大自然は、夏の休暇中に集中的に作曲したマーラーにとって一つの支えになっていた。

2. ウィーンの世紀末文化とマーラー

19 世紀末は、ハプスブルク家によるオーストリア＝ハンガリー帝国の中央集権的な求心力が低下したこともあり、チェコを始め多くの地域でそれぞれの民族との間が対立が生じ、支配階級を形成していたドイツ系オーストリア人が、活躍の場を求めてウィーンに移住した。またユダヤ人に課せられていた職業、結婚、居住に関する制限が撤廃されて多くのユダヤ人が流入してきたという背景もあり、多民族国家の首都であったウィーンの人口は、1880 年には 73 万人であったのと比べて 1910 年には 203 万人になっていた。

19 世紀末から 20 世紀初頭のウィーンにおいては、都市人口が急激に増えたばかりでなく、人間の精神活動の多くの領域で高いレベルの活動が展開されていた。世紀末文化という言葉を使用する時、ウィーンの 19 世紀末文化を指すことが最も多い。それはウィーンにおける様々な領域での活動が際だって活発だったためである。当時の風潮としては、美術についてホーフマンスタールがいった次の言葉があてはまる。

> 間接的に生まれたすべての絵画、すなわち、世紀の大いなる病気である折衷主義に陥っているすべてのものは、側へ押しやられ、この混乱状況のなかから、ただ真実のもの、独自のものが、すなわち、われわれの立派な芸術が大きく嬉々としてそびえ立つのだ。

同様の運動は、音楽、文学、心理学でも起こっていた。共通するキーワードは真実、死、性、無意識などであった。このように 19 世紀末のウィーンは、マーラーやシェーンベルク、ベルク（以上音楽家）、クリムト、シーレ、ココシュカ（画家）、フロイト（心理学者）、オットー・ワーグナー（建築家）、ホフマンスタールやシュニッツラー（文学者）らの天才が輩出した時代で、真理

を究めようとする傾向と、享楽的・官能的傾向などが混在する都会であった。

　マーラーの先輩格の交響曲作曲家であるブルックナーが、時代を超越したような作曲をしていたのとは対照的に、マーラーは時代の流れに敏感な文化人・知識人であった。オペラを総合芸術であると考えていたマーラーは宮廷歌劇場監督・指揮者という立場もあり、多くの芸術家と交流があった。マーラーと関わりが深かったものとしては、分離派（正式な名称はオーストリア美術家同盟）と呼ばれていたクリムトを代表とした造形芸術家グループがある。これは、マーラーの妻アルマが、有名な風景画家エミール・シントラーの娘であり、マーラーとアルマが結婚した時には、すでにシントラーは亡くなっていたが、シントラーの妻アンナ（マーラーの義母）がシントラーの弟子で画家のモルと再婚し、モルの家には多くの画家が出入りしていることが大きく影響した。舞台美術家で、かつ分離派の創設者の一人でもあった画家ロラーとの出会いは、ロラーがマーラーの指揮する舞台の美術・装置を担当することになったため、大きな意味を持つことになった。

　またウィーンでは、マーラーと同じユダヤ人のフロイトが活躍していたが、マーラーは危機的状況にあった1910年に一度精神分析をフロイトから受けている。その時の印象について、フロイトは後年「私はこの男の天才的な理解力に驚嘆した」と述べ、マーラー自身もフロイトの診察時の所見に同意していた。

　ウィーンでは同時に、レハールのオペレッタ「メリー・ウィドウ」の1905年における大成功や1911年にR．シュトラウスの「ばらの騎士」の公演の成功などからもわかるように、華美で官能的、時として退廃的な風潮があり、1918年におけるオーストリア帝国の崩壊（オーストリア＝ハンガリー帝国がオーストリア共和国になった時、人口は1/14に面積は1/8に減少！）の予兆ともなった。リヒャルト・シュトラウスについて言えば、マーラーと同時代の作曲家として良きライヴァルであったが、作曲家としての名声は4歳年下のR．シュトラウスの方が上であった。マーラーは結婚前にアルマに「彼の時代は終わり、私の時代がくるのです。それまで私がきみのそばで生きていられたらよいが！」と手紙を書いた。一方、R．シュトラウスの方は、1911年にホーフマンスタール（この二人は、「ばらの騎士」をはじめ多くのオペラを一緒に

作っている）に宛てて、「マーラーが死にました！これからはウィーンの連中でさえも彼を偉大な男だと思うようになるでしょう」と書いた。しかしオーストリアでは未だに、ユダヤ人への反感が残っているためか、ウィーンのマーラーへの愛好は、ウィーンで活躍した他の大作曲家（モーツァルト、ベートーヴェン、シューベルト、ブラームス、ブルックナーら）に比べて、はるかに低いままである。

3. 20世紀における交響曲の衰退

　西洋音楽史におけるマーラーの位置を検証する時、二つの視点、つまり交響曲という音楽様式の衰退と、調性音楽の崩壊という現象は特別な意味がある。マーラーの場合、交響曲様式や調性を守った立場の音楽家であったが、その精神的な危機感は時代の危機を先取りし、晩年には調性の枠組みの中で無調に部分的に近づこうとしていたとも言えるだろう。シェーンベルク、ベルク、ウェーベルンという12音音楽技法を代表する作曲家がすべてマーラーを敬愛しているのは、マーラーの作風の表現主義的傾向以外にも、上記のことにも関連があるように思われる。

　マーラーにおいてはソナタ形式は保たれているものの、他の様式との複合的なものに複雑化・多様化している。アドルノが指摘しているように、マーラーは「認可されてきた交響曲形式を文字通りのものとしてはもはや許さなくなった時期」と考え形式を再構成したのかもしれない。20世紀における交響曲という様式の衰退は、ソナタ形式が楽曲形式の基本ではなくなってきた現象とも深く関連しているといえよう。

4. 交響曲第9番の中にみられるウィーン～オーストリア

　マーラーの作品の中でウィーン～オーストリアの存在を感じさせる曲といえば、交響曲第4、5、9番であろう。第9番を形作っているその精神は、マーラーの体験、気質、信念によるものが大きいが、1997年から1907年まで1年の大部分を過ごし、1908年から1910年まで夏の間過ごしたオーストリアの風土の影響も無視することはできない。とりわけ第2楽章におけるオーストリア

の田舎の音楽表現や、ウィーンのワルツを芸術的に高めた表現は、ウィーン～オーストリアへの愛着、またその惜別の思いという視点なしでは考えられないのではないだろうか。また第3楽章の第2部（109-179小節、262-310小節）では、「メリー・ウィドウ」からの引用があるとされているが、ウィーンの雰囲気が漂っている。生、死、告別、永遠などが主要なテーマであるが、オーストリア～ウィーン的な要素を無視したら、この曲の魅力的な演奏はできないだろう。

Ⅳ　ブルックナーとマーラー

1. 音楽史におけるブルックナーとマーラーの意義

　ブルックナー、マーラーの名前は、何よりも交響曲作曲家として、不滅のものである。交響曲作曲家の歴史的な流れとしては、以下のようになる。ハイドン、モーツァルトに発し、ベートーヴェンが一応完成させたが、19世紀前半に、メンデルスゾーン → シューマン → ブラームスという中部ドイツの古典～ロマン派の伝統を引き継ぐ流れと、シューベルト → ブルックナー → マーラーというウィーンで活躍した流れに分かれ、交響曲の本流としては、ブルックナー、マーラーは最後の交響曲作曲家となった（20世紀で交響曲作曲に情熱を燃やした作曲家は、ドイツ・オーストリアでは、フルトヴェングラーなどわずかである）。19世紀後半から20世紀前半に交響曲に作曲活動の中心に置こうとした作曲家は、チャイコフスキー、ドヴォルジャーク、シベリウス、プロコフィエフ、ショスタコーヴィチ、ヴォーン・ウィリアムズらと数多くいるが、ロシア～東欧～イギリスの作曲家が多く、ブルックナー、マーラーと比較すると、交響曲としての質量の上でも、またそれぞれが独自に作曲様式を開拓しても、個々の作曲家の努力が伝統とはなっていないという意味でも、マーラーが最後の交響曲の大作曲家という指摘は、必ずしも誤りではないだろう。

　ブルックナー、マーラーは二人とも、ヴァーグナーの音楽を信奉し、ヴァーグナーの音楽から大きな影響を受け、創作活動の中心に交響曲作曲をおき、共

に 11 曲の巨大な交響曲を作曲したという共通点はあったものの、ブルック
ナーは教会や大学で主に暮らし、時代から超越した特徴があったのに対して、
マーラーは指揮者としての活動や、芸術家との交流の幅広さから、時代の変化
にも敏感で、新ウィーン楽派（シェーンベルク、ベルク、ヴェーベルンら）を
始め、多くの作曲家、演奏家に影響を及ぼした点で対照的である。

2. ブルックナーとマーラーの生涯の比較

　ブルックナー（1824-1896）とマーラー（1860-1911）の性格・生き方は、
対照的だが共通点もあった。

　ブルックナーはオーバーエスターライヒ州（上部オーストリア）の小さな村
で生まれ、オルガン演奏や合唱指揮もした教員の父親のもとで学び、12 歳の
時に父親が亡くなった後は、聖フローリアン教会の少年聖歌隊で学び、小学校
の教員（1841-1855）、教会オルガニスト（1856-1867）として活躍し、ウィー
ン音楽院教授に 1868 年になっている。最初の交響曲を作曲したのも 1863 年
で、当時 38 歳という大器晩成型で、40 歳頃まで作曲の修行を重ねていた。性
格的には、素朴、土俗的、信心深い、権威に弱く、肥満型で、読書も聖書など
を除き、あまりしていなかった。

　これに対して、マーラーはボヘミアのカリシュトという小さな村で生まれ、
酒造業を営む父親が 4 歳でピアノに親しんでいるマーラーを見て、教師をつ
けた。1875 年にウィーン音楽院に入学し、ブルックナーの対位法などの講義
も聴き、音楽院の仲間の間でも、天才ではあるが恐ろしく風変わりだと思われ
ていた。カンタータ「嘆きの歌」がコンクールで賞金を得られなかったことか
ら、20 歳の時から亡くなるまで、指揮者としてもっぱら活躍した。性格的に
は、ブルックナーと好対照で、不安に駆り立てられて、意気消沈と恍惚という
両極端に揺れ動く気分、理想を追求するための妥協のない厳しさ、予測不可能
性があり、読書家で知識人であり、体型としてはやせ型であった。

　二人の共通点としては、ともに中欧の田舎の出身で、勤勉で上昇志向が強
い生き方であった。ブルックナーは、執拗に大学などでの採用を請願し、マー
ラーは次々により一流の歌劇場でのポストに就いていった。ともに、講義や指

揮という職務がある中で、時間をみつけては、作曲しようと努めるヴァイタリ
ティや勤勉さがあったため、長大な交響曲を 11 曲も作曲することができた。

　女性関係で言えば、ブルックナーは生涯独身で、10 代後半の女性に何度も
惚れて、求婚までしてきた（驚くことに最後の求婚は 69 歳の時で、ブルック
ナーの死の 2 年前で、相手は若い女性である）。これに対して、マーラーは独
身時代に多くの女性音楽家と浮き名を流し、41 歳の時にウィーン社交界で評
判の美女で 19 歳年下のアルマと結婚した。アルマの存在がマーラーに与えた
影響の大きさは、これまでに述べてきた通りである。

3.　ブルックナーとマーラーの信仰上・芸術上の特徴

（1）　信仰

　ブルックナーは敬虔なカトリック教徒であり、「自らの創造主を愛すること
もできずに、その存在すら信じられぬ者がいるなど、自分には考えられない」
と語っていた。ブルックナーの作品の中で、最も成功した作品であるテ・デウ
ム（生前に 30 回以上演奏され、マーラーも指揮していた）と交響曲第 9 番を、
ブルックナーは愛する神に捧げている。

　これに対して、マーラーの信仰については、神を求めて究極の存在に融合し
ようとする傾向は、第 2・8 番などで認められるが、「音楽が永遠で無限で聖な
る神性と人間性の双方の発現形態（ジルバーマン）」であり、魂の蘇りを信じ
ると 50 代になる前に述べているものの、苦悩する近代人であった。

　この二人の信仰の問題が、音楽の共通点・相違点に明らかに影響を及ぼし
ている。ブルックナー、マーラーは同時代の作曲家に比べても、明らかにコ
ラールの音楽的表現が多い（コラールとは、4 声体により、基本的にはすべて
の声部が等拍で進行する賛美歌的なスタイルの楽句のことである）。神を信じ
愛するブルックナーの場合、信仰に満ちたコラールしかないが、マーラーでは
コラールの出現頻度が多く、敬虔なものから虚勢をはったものまで、また音量
も pp から ff まで多様なものが多いのも当然かもしれない。バーンスタインは、
マーラーの第 9 交響曲の中に、キリスト教的な祈りと東洋的な祈りの二元性が
認められるとしている。

（2）音楽 ── 絶対音楽と標題音楽 ──

　ブルックナーの音楽は、基本的に絶対音楽であり、宗教的感情の表出や自然の息吹や農民の踊り（ゲルマン的土俗性）のような要素があっても、明確な標題性はない。これに対して、マーラーの音楽は、文学との結びつきも強く、標題音楽としての性格を持っている作品が多い。またブルックナーは、一生の間、同じ様式での曲の深化を追究したのに対して、マーラーは、常に新しい可能性を求めて、曲の形式、管弦楽法、調性などを拡大していった。スケルツォ楽章でブルックナーでは、型にはまったかのように主部が再現されるが、マーラーは「音楽の真の原理は、繰り返しのない前進、永遠の生成である」と述べて、反復を極力さけている。

　マーラーがブルックナーの曲を多く演奏し、その巨大な構成と崇高な楽想において、また偉大さと独創性の豊かさにおいて、自分の交響曲とブルックナーの交響曲に共通性を感じていたことは間違いがない。実際、マーラーは死の前年に、ブルックナーの交響曲を出版しようとしたウニヴェルザール社のために、同社から自作分として支払われる予定の多額の印税を放棄していた。

4. 現代におけるブルックナーとマーラーの受容

　20世紀の最後の4半世紀において、ブルックナー、マーラー受容は、世界でも、日本でも急速に高まった。日本のプロ・オーケストラにおける交響曲の演奏回数として、ベスト5は、ベートーヴェン、モーツァルト、マーラー、ブラームス、ブルックナーであるという現象は、この30年くらい続いているのではないだろうか。正確なデータは手元にないが、チャイコフスキーは1985年頃にマーラーに抜かれ、1987年頃にブルックナーに抜かれている。ちなみに伊勢管の定期演奏会では、交響曲の演奏回数としてマーラーが1位（断トツで11回）、ブラームスが2位（6回）、ブルックナーが3位（5回）、ベートーヴェンが4位（4回）であった。このような現象は、やはり現代の不安、孤独、自然の荒廃の中で、ブルックナーやマーラーの音楽の訴える永遠への志向性に対する共感、宇宙的な響きの魅力などがその背景にあるように思われる。

第 6 章

マーラーの交響曲第１番・第２番

Ⅰ　マーラーの交響曲第 1 番

1．交響曲第 1 番作曲の背景

（1）　はじめに

　グスタフ・マーラー（1860-1911）の交響曲第 1 番は、20 歳代の若きマーラーによる最初の交響曲ですが、当時としては革新的な内容も多く、完成度も高くなっていった後の交響曲と比較しても魅力は劣らず、マーラーの交響曲の中でも最も演奏される回数の多い曲の 1 つとなっています。マーラー自身、「1番は非常に理解されにくい曲」（1906 年）と友人に書くと同時に、「私としては、この初期の交響曲に非常に満足している」（1909 年）ともブルーノ・ワルターへの手紙で書き、晩年になるまで実際に何度も演奏しました。この曲は何度か修正され現在の形となったため、今回は、作曲の背景と経過について述べたいと思います。

（2）　交響曲第 1 番の成立過程

　交響曲第 1 番は、マーラーがカッセル（1883-1885）、プラハ（1885-1886）、ライプツィヒ（1886-1888）、ブタペスト（1888-1891）と各地の歌劇場を楽長や監督などの立場で、渡り歩いていた遍歴時代の作品である。第 1 番は約 4 年（1884-1888）と、交響曲第 3 番以降と比較すると、完成までに数年間という

例外的に長い期間が作曲にかかっており、何度も修正を繰り返して、現在の版となっている。

〈2部5楽章の交響詩から4楽章の交響曲第1番ニ長調へ〉

　第1番の場合は、少なくとも5回にわたる改訂あるいは形態の変化があった。演奏時に様々な反響や誤解を呼んだこと、マーラー自身の完璧主義と指揮者としての視点からの修正、交響詩から交響曲へというマーラーの作曲に対する考えの変化など、様々な背景が考えられる。

　1889年ブタペストにおける初演時は、2部5楽章からなる交響詩であり、1893年ハンブルクでは、各楽章に標題を伴った5楽章による「交響曲様式の交響詩」《巨人》としての改訂・再演であった。この標題は、参考になるので、以下に紹介してみる。矢印（→）で示してあるのが、それぞれ現在の楽章に相当する。

《巨人》交響曲様式の音詩
第1部　〈若き日より〉、花、果実、茨の曲
Ⅰ．〈春、そして終わることなく〉序奏は冬の長い眠りからの春の目覚めを
　　描写している。→ 第1楽章
Ⅱ．〈ブルーミネ〉→ 削除
Ⅲ．〈帆をいっぱいに張って〉→ 第2楽章
第2部〈人間喜劇〉
Ⅳ．〈座礁して！〉（カロ風の葬送行進曲）→ 第3楽章
　　この楽章の発想のもとになったものの一つは明らかに、オーストリアの子どもなら誰でも知っていて、昔の子どもの絵本に載っている「狩人の野辺送り」というパロディーの絵である。森の動物たちが死んだ狩人の棺につきそって墓へと行進していく。（中略）この楽章は全体にわたって、皮肉っぽくユーモラスなものを表現すると同時に、薄気味の悪い陰鬱な雰囲気をもあらわすよう構成されている。それが終わるといきなり、
Ⅴ．〈地獄から〉深く傷ついた心から湧き起こる絶望の突然の爆発 → 第4楽

章

　《巨人》のタイトルは、ジャン・パウルの小説《巨人》から来ているように
言われてきた。実際マーラーは当時ジャン・パウルの小説《巨人》を愛読して
いたことが知られているが、マーラー自身は第1交響曲とジャン・パウルとの
関係については言及していない。マーラーが英雄的な人間の苦悩と運命に対す
る闘いを描きたかったのであり、マーラー自身の言葉によると、この作品の標
題となった《巨人》は、ただ巨人的な主人公をあらわしており、彼は自然の輝
かしい申し子として作品の中に登場し、苛酷な運命に苦しめられ、その運命と
のおそるべき闘いに耐えねばならず、彼は渾身の力を奮い立たせなければなら
なかった。

　しかし、《巨人》も含めて以上のような標題について、一部に「支離滅裂で
理解できない」などの酷評もあり、1896年のベルリンにおける演奏に際して
すべて削除し、再びマーラーは載せることはなかった。同時に、1896年のベ
ルリン初演における大きな変更点は、これまで第2楽章であった「ブルーミネ
（花の章）」を感傷的すぎるという理由から削除したこと、2部からなる交響詩
から4楽章からなるニ長調交響曲へ変更したこと、オーケストレーションを3
管編成から4管編成にしたことである。1899年に楽譜が出版された時に、は
じめて現在のような交響曲第1番ニ長調となった。それ以降、《巨人》という
タイトルをマーラーは使うことはなかった。

　以上のような成立の事情のため、第28回定期演奏会のプログラムでは、《巨
人》というタイトルは削除した。

〈「さすらう若人の歌」との関係〉
　1883年マーラーは、カッセルの宮廷歌劇場の第2指揮者となった。この時、
劇場の歌手ヨハンナ・リヒターに恋をし、自作の詩による歌曲集「さすらう若
人の歌」を、1884年頃にピアノ伴奏で作曲した。再三改訂され、1891年から
1893年にかけて、管弦楽伴奏版となった。曲は4曲からなり、第1曲「恋人
の婚礼の時」、第2曲「朝の野辺を歩けば」、第3曲「ぼくの胸に灼熱の刃が」、

第4曲「恋人の青い瞳」となっている。内容的にもそれぞれ別離の苦悩、束の間の憩い、感情の急転、失恋の浄化と諦念を表現している。この中で自然に束の間の安息を見いだす内容の第2曲の主題は、そのまま第1交響曲の第1楽章の第1主題となっており、また第4曲の後半で道端の菩提樹に安息の場を見いだすところが、そのまま第3楽章の中間部で使用されている。曲の精神としても、両者に共通する内容となっている。

　マーラーは、交響曲と歌曲を2つの主要な表現ジャンルとして、終生取り組むことになるが、初期の第1番から第4番までの交響曲では両者が密接な関連を有している。交響曲と声楽曲（歌曲）の融合の集大成は、交響曲第8番と交響曲「大地の歌」にみられる。

（3）　交響曲第1番の表現しようとする精神

　曲の精神としては、交響曲第2番《復活》ともに「死と再生」というテーマが認められる。交響曲第2番において、死と再生が主要テーマなのは明らかであるが、第1番の場合も、1896年のバウアー＝レヒナーとの会話の中で、「苦しみからの『解放』ということは、僕の第1交響曲でも失われていない、しかし僕の闘争する巨人、彼は幾度も幾度も生の荒波の上に頭を出すにもかかわらず、その度に運命の鉄拳をくらいまた沈んでいく、その巨人の死ではじめて、勝利を獲得することができるのだ」と話している。またバウアー＝レヒナーとの1900年の会話では、以下のように述べている。

　　　最終楽章は、前の楽章に間髪を入れず、恐ろしい叫びをもって始まる。我々の主人公はすべてのこだわりを捨てて、この世のあらゆる苦しみとの恐ろしい闘いに身をゆだねる。再三にわたり、彼は ― 勝利のモティーフとともに ― 運命を超越し、それを掴んだかと思いきや、そのたびに運命の一撃をくらい、死においてはじめて、彼は自分自身に打ち勝ち、勝利を手中に収めることができる。そして、第1楽章の主題とともに、彼のすばらしい青春の面影が今一度高らかに出現するのだ（壮大な勝利のコラール！）。

　またマルシャルク宛の手紙の中では、第2番第1楽章において、第1番の

主人公である英雄をマーラーは墓場に運んでいくこと、第2交響曲は第1交響曲に直結していることを述べている。このようにマーラーは、いくつかの交響曲にまたがって一つの想念を追究することがあるが、交響曲第1番と第2番では、「死と再生」あるいは「死と復活」がテーマとなっている。

　ただ、マーラーが交響曲第1番について詳しく言及しているのは、1890年代以降である。1888年から1894年にかけて、マーラーは交響曲第2番《復活》の作曲に従事しており、「死からの復活」というテーマがマーラーの心を占めていた。このような想念が、交響曲第1番の改訂や曲についての解説にも影響しているように思われる。交響曲第1番の場合、第1・2楽章の世界と、第3・4楽章の世界には大きな隔たりがある。それは、マーラー自身が1888年の曲の完成後に思索していた世界の影響もあるだろう。

2.　交響曲第1番の分析

　現在でも、この曲を2部から成っているという解釈は重要ではないだろうか。第1部では、「自然への愛」が大きなテーマとなっており、第2部では、前回述べたような「死と再生」が中心的なテーマとなっていると考えられる。なお譜例1～3および5～9は、長木誠司による文献から、譜例4は金子建志による文献から、譜例10、11はミッチェルによる文献から引用した。

第1楽章

　冒頭の弦楽器のAの音（しかも実音ではなくフラジョレットによる倍音）だけにより曲が開始する。その後しばらくは、木管楽器がAからEに向かう4度の下降音型（全曲を支配することになる）を2分音符でゆったりと吹き、長調か短調か不明瞭としながらも、早朝の霧がかかったような雰囲気を見事に示している（譜例1）。この後、春の目覚めの雰囲気が描写されるが、自然描写ではなく、自然により喚起された心的状態の音による表現と考えられる。「さすらう若人の歌」の第2曲「朝の野べを歩けば」の主題と同じ第1主題（譜例2）がチェロで奏でられる。展開部に入ってから曲は個性的な形で進行する。展開部の前半では、チェロの躊躇するような音型と木管のさえずりが交錯す

る。その後でホルンのニ長調の主和音による分散和音が印象的に現れて、これが新たな主題のように聞こえてしまう（譜例3）。その後、さらに曲は展開されて、第4楽章でクライマックスに入る前にそのまま再現される音型で華々しい再現部に突入し、そのままあわただしくこの楽章は終わる。この終止の仕方についてマーラーは、「この楽章の結末は、聴衆には本当のところ理解できないだろう。もっと効果的な終わり方だって簡単にできたのだろうけれど、この楽章はまったく唐突に終わる。私の主人公は突然わっと笑ったかと思うと、走り去るのだ」と語っていた。

第2楽章

　この楽章は、基本的にはレントラー（オーストリアや南ドイツにおける3拍子の遅いテンポの民俗舞曲）の様式であるが、中間部のトリオでは、テンポは遅くなるものの、よりデリケートになり優美なワルツ風の雰囲気がただよう。マーラーには珍しいほどの肯定的な雰囲気の楽章であり、中世からあるオスティナート（ある一定の音型を楽曲全体を通じてたえず繰り返す、ここではAA-E-A-A-Eすなわちラーミ・ララミという音型）の様式が目立つ楽章である。

第3楽章

この楽章も第2楽章と同様に二部形式となっている。主部は、明らかに葬送行進曲風であるが、薄気味悪い葬送の響きだけではなく、感傷、俗っぽい雰囲気、哀愁など様々な感情が入り混じっている（譜例4）。マーラー自身も、「第3楽章は死の行進の不気味な、アイロニカルな、そして陰鬱な重苦しい雰囲気から始まる深く傷ついた心の叫び以外の何ものでもありません」と書いている。

中間部では、マーラーは「さすらう若人の歌」の最後の曲「彼女の青い瞳が」の最後の部分を転用した（譜例5）。歌曲では、疲れた旅人が菩提樹の下で見いだした安らぎと忘却について語っており、菩提樹の下の休息場所が墓地であることを暗示している。この引用は、内容的にもこの交響曲の意味するところと合致している。

第4楽章

この楽章は、「地獄から天国へ」とマーラーにより一時標題化されたが、「死と再生」のテーマの根幹となる最も重要な楽章で、演奏時間も最も長い。ソナタ形式によっているが、歌にあふれたゆったりした部分が激情的な部分に挿入されているために、複合三部形式のように急（A）‐緩（B）‐急（C）‐緩（D）‐急（E）の形にもみえる。第3楽章が終わるとすぐに、冒頭のシンバル、ティンパニのつんざくような音と共に、譜例6（これまでの下降ではなく、上昇の4度、正確には2度＋3度）のトランペット、トロンボーンのファン

ファーレで闘いが始まる。譜例6の動機に導かれる形の第1主題（譜例7）が、終楽章の（A）、（C）、（E）の激しい部分では中心に展開・再現される。上記の中の（B）でヴァイオリンやチェロによって歌われる部分（譜例8）は、この交響曲の中で最も美しく最も魅力にあふれている。また、（D）のところでは、第1楽章の冒頭の自然の響きが、青春の切なさと共に回想される。マーラーは常に未来に向かって突き進むタイプの芸術家であったが、曲の中で過去を回想するのが明瞭に確認できるのは、交響曲第1・5・10番くらいだろう。上記の（E）の部分では第1楽章冒頭の主題（譜例1）と同じ音型でできた譜例9による主題がコラールのように響き渡り、曲は華麗に終わる。

3. 交響曲第1番における音楽表現の特徴

（1）多彩な管弦楽法

　マーラーは、オーケストラの効果的・色彩的な使い方が見事な作曲家であるが、交響曲第1番のオーケストレーションの目的と重要な点について、マーラーはバウアー＝レヒナーに次のように語った。

　　　これ（この独特の響き）は楽器の使用法から生じている。第1楽章では、楽器の固有の音色は、光り輝く音の海の背後に姿を消してしまう。ちょうど、光り輝

く物体が、そこから発せられる光によって覆い隠されてしまうように。その後、
〈行進曲〉（第3楽章のこと）では、諸楽器は偽装を施されたように見える。ここ
では音響は、まるで幻影か亡霊が我々の前を通り過ぎるかのように、弱められ、
和らげられていなければならない。カノンのそれぞれの入りを明確にし、その音
色が人々を驚かせ、注意を惹きつけるようにするために、私は楽器法を非常に苦
心した。私は、ついに、君が非常に奇妙で風変わりだと思った効果を得ることに
成功した…。柔らかい抑制された音を出したいと思ったとき、私はそれを、その
音を簡単に出せる楽器には任せず、努力して、強制されてやっと出せる楽器にゆ
だねる。その楽器の自然な限界を超えさせてしまうことさえしばしばある。こう
して、コントラバスやファゴットは高音に喉をしぼり、フルートは低音で息切れ
するはめになる、といったことが起こるのだ。

　このように音色を混ぜ合わせて、新しい独自の透明な音色を作りだして
いるが、交響曲第1番においては、以下の2か所は特に独創的である。
①　音楽の色彩的・遠近法的な扱い
　第1楽章の冒頭については、ブタペストでの初演時は、現在のような
形ではなかった。この点について、マーラーは次のようにバウアー＝レ
ヒナーに語った。

　　ペストであらゆる音域でイ音を聞いたとき、それは僕が考えていた、微光にき
　らめくような大気をあらわすにはいかにも現実的すぎるように感じた。そこで僕
　は、すべての弦楽器をフラジョレットで弾かせることを思いついた。そして望ん
　だ効果が得られた、というわけだ。

　上記のような試みにより、音楽によって、光と影をマーラーは見事に表現し
ている。また第1楽章の序奏部でトランペット（譜例10）が、ステージの裏
の非常に遠いところ、次に遠いところと指定されたところで吹くような音楽の
遠近法的な扱いが印象的である。この技法は、次の交響曲第2番の第5楽章で、
更に徹底して取り上げられることになる。
②　第3楽章の冒頭のティンパニとコントラバスのソロで象徴されるよう
　　な、独創的な楽器　の使い方（譜例4）。
　先のマーラー自身による説明があるこの部分は、初演当初はチェロ・ソ

ロとコントラバス・ソロで演奏されていた。マーラーの生前の決定稿による
と一人のコントラバス奏者によるソロとして、その不気味な響きでもっと親
しまれてきた。しかし、1992年の新校訂版では、コントラバス・パートの
ソロとなっている（譜例4）。第28回定期演奏会では、1992年の版に準拠
して演奏した。

（2） ポリフォニー的処理（対位法的技法）

　マーラーの作品は晩年になるに従って、複雑にポリフォニックに処理される
ようになっていくが、その兆しは交響曲第1番でも数多く、第3楽章の後半部
分における譜例11の部分の効果は著しいものがある。ここでは、全く性格の
異なる3つのパートが同時に奏でられて、複雑な感情の相を表現している。ま
た第4楽章の再現部（譜例12）も、ポリフォニックに処理されている。

譜例12

（3）　全曲、特に第1楽章と第4楽章の関係づけ

　最も重要なのは、4度の下降音型が反復する主題が第1楽章、第4楽章の主要主題で使用されていることである（譜例1、2、9）。この下降の4度音程は、第2、第3楽章でも、主要な動機で頻用されており（譜例4）、途中で一つ経過音をはさんだ形ではあるが上昇の4度は第4楽章で確認できる（譜例6、7、12、14）。この4度の動機の巧みな使用により、マーラーはこの曲のもつドラマを雄弁に表現し、全曲に統一感を与えようとしている。また第1楽章の再現部に入る部分と第4楽章の再現部に入る部分の約50小節は、ほとんど同じ構造となっている。半音階で上昇する動機（譜例13）も、第1、4楽章で共通して使用されている。

譜例13

譜例14

（4）和　声

　マーラーは片足を 19 世紀、もう一方の片足を 20 世紀に置いて生きた作曲家である。マーラーの和声は、交響曲第 1 番では、調性音楽を基本としながら、絶妙な転調が端々にみられる。例えば、第 3 楽章の後半の譜例 11 に入る前の変ホ短調からニ短調に戻る部分では、弦楽器がコル・レーニョの奏法（弓の木の部分で音を出す奏法）などを利用しながら、絶大な効果をあげながら、もとのニ短調に戻っている。

　またマーラー自身が言及している部分としては、第 4 楽章の練習番号 33 後の 2 回目のクライマックスに突入する部分があげられる（譜例 14）。

> 　ここにはとても苦労しました。何度も何度も、曲はひとすじの光明が見えたかと思うと、絶望のどん底へ失墜したあげく、最後に消えることのない勝利の凱歌に達しなければならないところにさしかかっていたのです。考えに考えたあげく、やっとわかったことは、ある調からその全音上の調（ハ長調からこの曲の主調ニ長調）へ転調することだということでした。ところで、その場合、半音を仲介してハ音から嬰ハ音へ上げ、そしてニ音につなげるのが一番スムーズなやり方でしょう。でもそれでは、聴き手には次に来る音程はニ音だとわからせてしまいます。ところがわたしは、あたかも天国から降ってくるような、別世界から漂いくるような響きを、ニ音上の和音に欲したのでした。それでわたしは独自の転調を見つけ出したのです ― それはこれまでになく伝統から逸した、大胆な転調で、そのような転調を使うことを長い間躊躇してきたのでしたが、とうとう自分の意思に反してそれに従うことにしたのです。この交響曲全体にどこかすぐれたところがあるとすれば、それはまさにこの部分で、― こう言っても差し支えないと思うのですが ― まだそれに匹敵しえる楽想はほかにないのです。

4. おわりに

　マーラーの交響曲第 1 番は、その若さゆえのエネルギーと内容上の矛盾が混在した魅力的な作品です。様式的には、標題音楽と絶対音楽、また器楽と声楽の融合・止揚（Aufheben）というマーラーが生涯取り組むことになるテーマが既に明瞭であり、そして内容の上では、自然と「死と再生」というテーマがあります。

Ⅱ　交響曲第 2 番「復活」

はじめに

　マーラー（1860-1911）の交響曲第 2 番「復活」は、100 名以上を要する大合唱、トランペットとホルンが 10 名、ハープが 2 台、ティンパニが 2 セット必要などというように演奏規模が大きく、演奏企画に相当の準備が必要であることにもかかわらず、演奏される機会は近年相当に増えており、マーラーの11 曲の交響曲の中で特に好んで演奏されています。1970 年代以降マーラーの演奏回数が急激に増え、マーラー・ブームなどといわれましたが、最近の交響曲第 2 番「復活」の演奏頻度の多さは、ブームという事象などを超えて、この曲がベートーヴェン、ブラームス、チャイコフスキーなどによる傑作交響曲と並んで、あるいはそれらの曲を超えて、クラシック音楽の不滅の名曲という地位を既に確立したと言ってもよいでしょう。以下にこの曲の成立事情に触れながら、この傑作の魅力に迫りたいと思います。なお、交響曲第 2 番における譜例については、すべて長木誠司による文献から引用しました。

1.　交響曲第 2 番の成立の背景

　1888 年からハンガリー王立歌劇場の首席音楽監督、1893 年からハンブルク市立歌劇場の首席楽長となっていたマーラーは、多忙な生活を送っていた。当初はまだ、夏の休暇で集中的に作曲するという生活習慣やその余裕がなかったこともあり、交響曲第 2 番の作曲には 7 年間を要した。ただ、交響曲第 2 番の作曲だけにずっと従事していたわけではなかった。

　第 1 楽章だけがまず交響詩「葬礼」として 1888 年につくられ、作曲当初は独立した交響詩あるいは、1 楽章形式の交響曲として考えられていた。その後、マーラーの作曲のエネルギーは歌曲集「少年の不思議な角笛」に注がれる。次に交響曲第 2 番の作曲に戻ったのは 1893 年で、アンダンテ楽章（現在の第 2楽章）、スケルツォ楽章（現在の第 3 楽章）、「少年の不思議な角笛」の中の「原

光」が作曲された。1893 年頃には、現在の第 1、2、3 楽章を交響曲第 2 番とすることが決まってきていた。しかし前半の巨大な 3 つの楽章に均整のとれる終楽章をどうするかということにマーラーは悩み、作曲は滞ってしまった。ちょうどその頃、大指揮者ハンス・フォン・ビューローがカイロで亡くなり、葬儀が 1894 年 3 月にハンブルクで執り行われた。ビューローに世話になることも多かったマーラーはその葬儀に列席し、その時の思い出を 3 年後に友人のザイドル宛に次のように書いている。

　　この作品に対する啓示を受けたいきさつは、芸術的創造性の本質という点で、極めて独自な性質をもっています。私は、長い間、最終楽章に合唱をもってくるという考えを抱いていました。ただ、それがベートーヴェンの単なる模倣にすぎないと受け止められるのではないかと恐れ、何度も何度もためらってきたのです。ビューローが亡くなり私は葬儀に出席しました。その場に座し、死者に思いをめぐらせた時の心のありようは、当時私が考えていた作品の精神とまったく同じものでした。すると、上のオルガン席から合唱団が、クロプシュトックのコラール『復活』を詠唱し始めたのです！　これはまさに稲妻のように私を貫き、そしてすべてが鮮明にはっきりと私の目の前に立ち現れたのです！　およそ創造力に満ちた芸術家なら誰もが待ち焦がれる稲妻の一撃、これこそ、いわゆる聖なる受胎と言えましょう！

　マーラーはクロプシュトックの詩に自分自身の詩を付け加えて、第 5 楽章を 1894 年 7 月に仕上げた。そして第 4 楽章に「原光」を配置して、主題上の関連性、音楽的曲想の一貫性を与え、これまでの交響曲史上最大の曲として交響曲第 2 番を完成させた。そしてマーラーは、自身の生涯で大切な機会には何回も交響曲第 2 番を演奏し、この曲に対する特別の愛情をしめし続けた。

　マーラーは交響曲第 4 番の作曲以降、標題音楽から離れていったが、交響曲第 2 番については、作品の完成後に何度も標題的な説明を加えている。ここで、当時婚約者であったアルマ・シントラーにあてた手紙における曲の説明を挙げたい。

第 1 楽章
"われわれは、愛する人の棺の前に立っていた。彼の生涯、苦悩が、最後

にもう一度、われわれのまぶたに浮かぶ。この世の生とは何か？　そして死とは？　これら全てはただ混乱した夢なのか？　われわれは生き続けるのなら、この問いに答えねばならない。"

第2楽章

"愛する故人と過ごした生涯の幸福なひととき。そして青年時代と失われてしまった無垢の心への哀しい追憶。"

第3楽章

"懐疑と否定の精神が彼に取りつき、彼は混乱した幻影を見る。彼は子どもの清らかな心と、愛だけが与えてくれる支えを失う。彼は自らと神に絶望する。彼には世界と生が無秩序そのものとなる。全ての存在と生命に対する嫌悪が彼を鉄の腕で捉え、彼は絶望の悲鳴をあげる。"

第4楽章

"無垢な信仰の、祈りの声が響く。私は神から来て、神のもとに帰るのだ！　愛する神は、私に光を与え、永遠の至福の生命へと私を導いてくれるだろう！"

第5楽章

"われわれは再び恐ろしい問いの前に、第1楽章の終わりの雰囲気に引き戻されて、立っている。召喚する声が響いてくる。生きとし生けるものの終末の時である。最後の審判の開始が告げられ、最も恐ろしい日が始まる。大地は震え、墓は口を開き、死者は起き上がり、墓から果てしのない列をなして行進していく。哀れみと慈悲を乞う叫び声が、絶叫となってわれわれの耳を打つ。われわれの感覚は麻痺し、意識は消え失せていく。『大いなる叫び声』が響き渡る──黙示録のトランペットの響きである。これに続く恐ろしい静寂の最中に、われわれは遥か彼方から、まるでこの世の最後の震えるこだまのようなナイチンゲールのさえずりが聞こえるように思う！　聖者と天使たちの合唱が静かに始まる。『復活する。そう汝は復活するのだ』この時神の栄光が現われる！　すばらしい優しい光がわれわれの心にまで染み入ってくる！　そして見よ、そこにはもはや裁きはない！　全能の愛の感情がわれわれを、あまねく照らしだす！"

2. 楽章の分析

第1楽章

　弦楽器によるトレモロの上に、低弦での強烈な印象の動機（譜例15）が出現する。この印象は、マーラーが好きであったと伝えられているヴァーグナーの楽劇「ヴァルキューレ」冒頭を思い起こさせるところもある。ともに「死と再生」のテーマが潜んでいる。17小節にわたる序奏の後で、緊張をはらんだ硬い雰囲気の第一主題（譜例16）がオーボエとイングリッシュ・ホルン、途中からクラリネットも加わり奏でられる。楽章全体に葬送の雰囲気が色濃いが、これまでの悲劇的性格と対照的な第2主題（譜例17）は、ヴァイオリンによる上昇音型で、時には秘かな憧憬をこめて、時には牧歌的に歌われる。第1楽章はソナタ形式によっているが、展開部が巨大であることが特徴的である。その葬送の雰囲気が深い展開部で、イングリッシュ・ホルンとバス・クラリネットによって奏でられる動機（譜例18）は終楽章との関連で重要であるが、この動機がトランペットとトロンボーンによって再び現れるとき、直後に「怒りの日」による旋律（譜例19）が続く。この「怒りの日」の旋律は終楽章で決定的に重要な役割を果たす。第1楽章は、この後カタストローフに向かい、最後は死を象徴するかのように悲劇的に終わる。

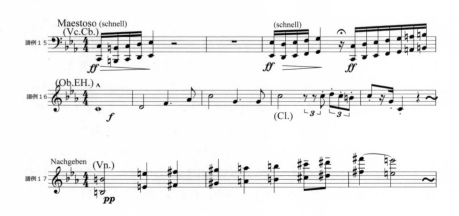

第2楽章

アンダンテ・モデラートのテンポで構成される牧歌的な第2楽章は、二つの部分がそれぞれに変奏される二重の変奏曲であり、他の楽章は主題の上でも緊密に関連していることに対し、独立した性格を持っている。マーラーはバウアー＝レヒナーに次のように語った。

> ハ短調交響曲におけるひとつの欠点は、明るい舞曲のリズムをもつアンダンテと最初の楽章が醸し出すあまりに鮮明な（そして非芸術的な）対立だ。その理由は、僕が二つの楽章をそれぞれ独立したものとして、両者を結び付けようという考えなしに構想したことにある。そうでなければ、少なくともアンダンテをチェロの旋律で始め、そのあとに今の開始部を続けることができたかもしれない。でも、今となってはもう書き直すことは無理だ。

マーラーは第1楽章のスコアの最後に、第2楽章を始める前に最低5分は間をあけることという指示を書き込んでいた。

第3楽章

この楽章の重要な部分（譜例20）は、マーラーの歌曲「少年の不思議な角笛」の中の1曲「魚に説教するパドヴァの聖アントニウス」から引用されている。歌曲は、「教会に説教に行った聖アントニウスだったが、教会に誰もいないことを知り、代わりに魚に説教をした。魚は説教を楽しんだが、魚は結局何も変わらなかった」という内容である。実質的にスケルツォ楽章であり、トリオの部分（譜例21）は歌曲にはなかったものである。2回目のトリオでクライマックスに達した部分は、そのまま第5楽章の冒頭でも再現される恐怖の

ファンファーレに突入する。

　マルシャルク宛ての手紙では、この第3楽章について、次のように説明している。

　　　きみが物思いに沈んだ夢から目覚めると、再びこの混乱した人生に対峙しなければならない。そしてこの終わりのない動き、休みなく、決して理解されることのない人生の喧騒は、ちょうど暗い夜に屋外から見る ── 遠すぎて踊りに伴う音楽は聞こえないのだ！──、明るく照らし出される大宴会場で踊る人々のうねりのようにきみの目には恐ろしく映るだろう。そんな時、いかに「人生は意味のないもの」に思えるだろう。余りに不快で、叫びとともに飛び起きるひどい悪夢のようじゃないか！　それが第3楽章なんだよ！

第4楽章

「原光（原初の光）」は、当初「少年の不思議な角笛」の中の歌曲の一つとして作曲され、マーラーはそれを交響曲第2番の第4楽章に転用しているが、その曲想もテキストの内容も、交響曲第2番のために最初から作曲されたと言われてもおかしくないほど、曲全体と調和しフィナーレを導く曲となっている。マーラー自身「原光は、神と永遠の生に対する魂の問いかけと、それらを獲得しようとする魂の闘争なのだ」と説明している。トランペットによるコラール風の導入（譜例22）に続き、アルト・ソロによって、「人間は大いなる窮乏のうちにある」と歌いだされる（譜例23）。後半で「私は神から生まれ出たもの」と歌われる部分（譜例24）は、第5楽章でソプラノ・ソロとアルト・ソロによる二重唱のところで、極めて印象的に再現される。

第5楽章

「最後の審判」とその後の「復活」が描かれたこの第5楽章は、交響曲第2番の核心であるばかりでなく、マーラーが作曲した終楽章のうちで最も劇的で感動的な楽章の一つとなっている。マーラー自身、この楽章を書き終えて次のように友人に書いていた。

　　これはすごい作品で、極度に力にみなぎる構成をもっている。最後のクライマックスは恐ろしいほどだ。

冒頭の「恐怖のファンファーレ」に続いて、「永遠」と「昇天」の動機（譜例25）がホルンによって奏でられる。舞台裏のホルンによって「荒野に呼ぶもの」の部分が始まると、まず「怒りの日」の旋律（譜例19と関連）、そしてトロンボーンによって「復活」の主題（譜例26）が登場する。6名の打楽器奏者による破壊的なクレッシェンド（「地は揺れ、墓は口を開く」）の後は展開部となり、勇ましい行進曲（死の行進）（譜例27）の中で「怒りの日」と「復活」の主題が交互に展開され、最後はこの世が崩壊していくようなクライマックス（恐怖のファンファーレと「怒りの日」の動機の反復）に至る。続く展開部後半では、ステージ上のオーケストラと舞台裏のトランペット・打楽器がかけあいながら迫り、壮絶なカタストローフとなる。音楽は突然静まり返って、「永遠」と「昇天」の動機が再現された後は、フルート・ピッコロによる鳥の鳴き声がさえずられるが、その音楽は舞台裏の遠くから聴こえてくるトラン

ペットのファンファーレと見事に調和する。

　再現部では、「復活」の合唱が ppp で神秘的に導入される（譜例28）。ここからの歌詞は８連からなっているが、最初２連はクロプシュトックの原詩、つづく６連はマーラーの作詞によるものである。第３連「おお、信じるのだ」からはアルト・ソロとなり、第５連「おお、苦痛よ」からは譜例24と密接に関連した二重唱となる。そして第６連「私は勝ち得た翼をはばたかせ」（譜例29）からは、どんどん高揚し、最後の第８連「蘇るのだ、そう、おまえは蘇るだろう」（譜例28より派生）で永遠の生命への賛歌のクライマックスへと到達する。

　このフィナーレは、永遠の生命への祈りというだけでなく、私たちが音楽において至高体験、すなわち一生忘れられないような感動体験ができる可能性を証明してくれる最高傑作なのである。

3. おわりに

　伊勢管弦楽団では、交響曲第2番「復活」を2回演奏することができました。第1回目は1996年の第15回定期演奏会、第2回目は2016年の第35回定期演奏会です。第1回目の「復活」は、植村茂先生がコンサートマスターとして演奏してくださった最後の曲であり、第2回目の「復活」は上村宰史さんがメイン曲のコンサートマスターとして演奏して下さった最後の曲となりました。この曲の定期演奏会での感動は、お二人の名誉コンサートマスターの思い出とともに永遠です。

第 7 章

マーラーの交響曲第４番・第６番

I　マーラーの交響曲第４番

1.　はじめに

　マーラーの交響曲第４番は、マーラーの偉大さが幅広く認められるようになる前の LP の時代から演奏されたり録音されたりする機会も比較的多く、マーラーの11曲の交響曲の中でも時の流れを越えて人気の高い曲の１つです。マーラーの友人でもあり弟子でもあり、現在のマーラー人気を引き起こすにあたって最大の貢献をした指揮者であるブルーノ・ワルターも、この交響曲第４番を最も数多く録音しました。しかし初演時の評判は悪く、それはメルヘンのような曲でありながら、最後は pp で消えるように終わり、また天使と死が同時に現れるようなその複雑さのためかもしれません。同時にこの曲には、第１楽章の第２主題的な旋律（譜例3）が幅広く歌うところや、第２楽章の第２トリオ、第４楽章の終わりの方など、宝石のように光り輝く瞬間が少なくありません。特に第３楽章の美しさは絶品です。また第４楽章の主題が第１・２・３楽章と密接に関連しており、その堅固な構成を通して、マーラー特有の生と死の世界が個性的に表現されているという特徴もあります。以下に、この曲の背景を説明し、若干の楽曲分析を試みたいと思います。

2．成立の背景

　マーラー（1860-1911）は交響曲第4番に先立つ交響曲第3番を、1895年から1896年にかけて作曲した。交響曲第3番は6楽章からなっており、演奏時間が約100分かかるなど、マーラーのすべての作品の中で最も長い交響曲となったが、その作曲を終えて交響曲第4番の作曲に向かうまでに、約3年の年月がかかっている。もちろんマーラーが1897年にウィーンの宮廷歌劇場指揮者に就任したことによる多忙さも大きな一因であるが、交響曲第2番や第3番のような大曲を次々に作曲した後、音楽でどのような世界・宇宙を表現するかについて、マーラーの中で様々な考えがめぐっていたのであろう。マーラーは1898年の夏は、「少年の魔法の角笛」に属する2曲の歌曲を作曲し、1899年と1900年に交響曲第4番を作曲した。

　交響曲第4番は、内容的に交響曲第3番との関連が深い。交響曲第3番は最初は7つの楽章からなる交響曲としてずっと構想されていた。第6楽章までは現在の第3番にほぼ残されているが、第7楽章は、「子供がわたしに語ること」あるいは「天上の生」として構想され、1896年になって削除された。この第7楽章は、交響曲第4番の第4楽章にその構想が引き継がれることになった。実際に交響曲第3番の長大で陶酔的ですらある第6楽章の後に第4番の第4楽章が続くことは、あり得ないことと思われる。

　パウル・ベッカーの報告によると交響曲第4番は、以下のような内容で当初構想された。
交響曲第4番〈フモレスケ〉
第1楽章　永遠の今としての世界、ト長調
第2楽章　この世の生、変ホ短調
第3楽章　カリタス、ロ長調（アダージョ）
第4楽章　朝の鐘
第5楽章　重みから開放された世界、ニ長調（スケルツォ）
第6楽章　天上の暮らし、ト長調

標題の「フモレスケ」とは空想的でユーモアをもって、という意味でユモレスクと同義である。以上の6楽章の構想の中で現在の交響曲第4番に実現されているのは、第1楽章と第6楽章であるが、第6楽章については、1892年に作曲された民謡詩集「少年の魔法の角笛」による1曲「天上の暮らし」が転用されることになった（現在CDなどで聴くことができる「少年の魔法の角笛」全12曲の中に「天上の暮らし」は含まれていない）。第4交響曲の第4楽章として当初構想された「朝の鐘」は第3交響曲の第5楽章になっている。これまで述べたことからわかるように、交響曲第4番の構想は、1895年頃から始まっており、交響曲第3番の延長上にあると考えられる。

マーラーは亡くなる1911年に至るまで交響曲第4番を好んで演奏し続けた。マーラーは、「3つの楽章はそれぞれが最後の楽章と極めて密接かつ重要な方法で主題的に結びついているのです」と手紙に書き、また作曲当時の友人バウアー＝レヒナーには「一見したところでは目立たない、この短い歌曲の中にあらゆるものが隠されていることに誰も気づきはしないだろう。しかし、吟味することにより、その中に多種多様の生命の兆候を含んでいる胚芽の価値については理解できるようになるのだ」と語っていた。「永遠の今としての世界」から、死後の生としての「天上の暮らし」への流れの中で、この交響曲について理解することは妥当と思われる。マーラーは交響曲第4番を作曲した後、標題性のある音楽に完全に決別する。

3. 全体の構成と各楽章の解説

マーラーの全交響曲の中で最も規模は小さく、編成もトロンボーン、チューバを欠いているのは第4番だけである。とは言っても、マーラー自身、「大オーケストラとソプラノ・ソロのための4楽章からなる交響曲第4番」と総譜（スコア）の表紙に記しており、レヒナーに「僕はただ交響的小品を書きたかったのだけれど、書いているうちに普通の規模の交響曲となってしまった」と語っていた。マーラーの中では普通の規模と言っても、演奏に60分かかる大曲である。なお以下にあげた譜例については、長木誠司による『グスタフ・マーラー全作品解説事典』からの引用で、譜例20のみ『名曲解説全集2　交

響曲Ⅱ』の門馬直美による解説からの引用である。

第1楽章「永遠の今としての世界」

　明らかなソナタ形式によっている。冒頭の鈴やフルートによる動機（譜例1）に導かれて、マーラーが「無邪気な、単純な、そしてまったく無意識的なもの」と呼んだ第1主題（譜例2）がヴァイオリンによって演奏される。この魅惑的なオープニングは、鈴の使用もあり、クリスマスのような雰囲気すら与える。マーラーは1897年にユダヤ教からカトリックに改宗したことも影響しているのであろうか。主題の提示部ではマーラーによると7つの主題が、比較的古典的な型通りに提示される。これらの中で印象的なのは第1主題と性格が対照的で情熱的に幅広く歌う主題（譜例3）で、ソナタ形式における第2主題的な役割を果たしている。展開部に入るとまず目立つのは、4本のフルートによるパストラール風の主題（譜例4）である。これは「天国の主題」と呼んでもよいような性格のもので、第4楽章の第1主題（譜例15）との関係性が深い。展開部はマーラー特有の多彩な転調や主題の展開がなされるが、再現部に入る直前に、トランペットによって fff で第4楽章の第1主題と関連した旋律（譜例5）が明瞭な形で現れる。その後突然不協和音によるクライマックスが現われ、マーラーが「召集の声」と呼んだトランペットによる葬送のような雰囲気の部分（譜例6）が現れるが、まもなく消え去り、突然第1主題の後半と天国の主題による再現部となる。再現部も一部展開されるが、明るくにぎやかに終わる。

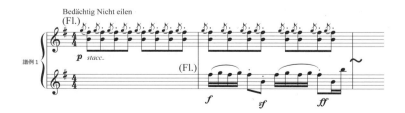

第2楽章

　マーラーは生前にこの曲を指揮した時に、スケルツォ様のこの第2楽章について「死の舞踏」と演奏会プログラムに印刷したことがあった。マーラーは死神の奏でるフィドル（昔の擦弦楽器）の音を模倣するために、独奏ヴァイオリンにすべての弦を長2度あげるよう指示し、その硬い音色を利用して死の舞踏の雰囲気を醸し出している。曲の構成としては、悪魔的な表現の主部に、牧歌的あるいは天国的な中間部（トリオ）が2回、はさまれた形となっている。主部はホルンによる3拍目にアクセントを伴う短2度が特徴的な動機（譜例7、繰り返し約30回出現）と増5度、減4度の不協和音（譜例8）に導かれて、独奏ヴァイオリンによるグロテスクな主題（譜例9）が現れるが、この主題は第2楽章を通して16回も奏でられる。中間部では対照的にやや感傷的に歌う魅惑的な旋律（例えば譜例10など）が多いが、特に2回目の中間部ではニ長

調に突然転調したところで、第4楽章の主題（譜例20）が象徴的に部分的に引用されている。

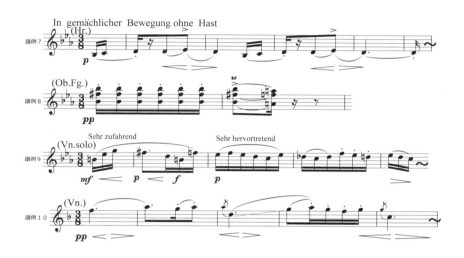

第3楽章（ポコ・アダージョ）

　マーラーはこの楽章について「これまでに書いた中で最初の純然とした変奏曲、つまり変奏はこうあるべきだと自分が思い描いているように徹底徹尾姿を変えた最初の作品だ」と述べ、マーラー自身この楽章の出来に満足していた。静かな息づかいの中に感動にあふれた主題（譜例11）と悲痛な別の主題（譜例13）がそれぞれ変奏されて、A-B-A_1-B_1-A_2-コーダという構成になっている。最初の主題はマーラー特有の息の長い、忘れがたい印象を残す旋律であるが、基本的にチェロ・バスによって一定のパターンで伴奏されて（譜例12）、パッサカリアのような形式にもなっている。この幸福感に満たされた楽章の最後にマーラーは非常に驚くべきコーダを付け加えた。曲が祈るように静寂のうちに終わろうとする時に、突然 fff でホ長調の主和音が鳴り響き、トランペットとホルンが第4楽章の天上の音楽の主題（譜例15と関連）を力強く鳴り響かせる。マーラーはこの劇的な変換によって、現世から天上に音楽の場がかわったことを表しているのではないだろうか。その後は、"永遠の動機"と呼

ばれている動機（譜例14）によって、ひたすら天に昇っていく。

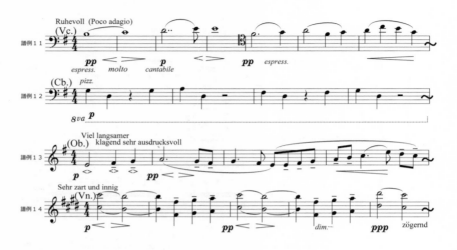

第4楽章「天上の暮らし」

第1楽章や第3楽章でも部分的に現れた第1主題（譜例15）の主題提示が終わったあとソプラノによって歌われる歌詞は、大きく4連からなっている。「わたしたちは天上の喜びを味わう。だから地上のことは避けるのだ。俗世間の騒ぎは天上では聞こえない。すべては最高の柔和な安らぎの中で生活している」という歌詞で始まる第一連（譜例16）は、穏やかで牧歌的な雰囲気で、天上の生活の喜びを歌う。これに対して、「ヨハネは子羊を放ち、屠殺者ヘロデは待ち受ける。私たちは寛容で純潔な愛らしい子羊を死に導く」と歌われる第二連（譜例18、19）は、冷酷でもある。曲想が突然に穏やかになる第三連では、「様々な上等の野菜が天上の庭に生えている。良質のアスパラガス、隠元豆、その他みな思うままにある」と次第にテンポをあげながら歌われる。第四連では穏やかで幸福感にあふれた前奏（譜例20）に続いて「私たちの音楽に比べられるものは、地上にはないのだ」と繰り返され、音楽は最も落ち着いて静かに終わる。これらの4連の歌の間には、短いコラール風の楽節（譜例17など）に続いて、3回管弦楽の間奏があり、第1楽章冒頭の主題（譜例1）が騒がしく演奏されて、天上の世界と現世の世界が対比される。曲の最後は静

穏の中に終わる。ホ長調の主和音で曲は終わるが、最後5小節では第3音を欠いた主音と属音（第5音）のみとなり、しかもハープとコントラバスの最低音で終わるため、天上の世界からさらに無や天空の世界に向かうような印象すら与えて曲は終わる。

4. おわりに

　マーラーの交響曲第4番は初期の交響曲群の最後を飾る珠玉の名曲です。伊勢管弦楽団のコンサートマスターとしてマーラーの交響曲を計7曲指導して下さった上村宰史さんは、伊勢管弦楽団における思い出深い曲として、この第4番をあげられました。曲のイメージとしては、現世から天上の世界に向かい、その後天空や無の世界に向かっているように思われます。最初の3つの交響曲の最後を輝かしい歓喜で曲を終わらせたマーラーがこの第4番では、初めて

pppで消えるように曲を終わらせました。そのような意味では、交響曲第9番や"大地の歌"の先駆けともなった曲です。交響曲第4番については、メルヘンのようにとらえる解釈、逆に悲劇的なものと考える考え方など、様々な見解があります。そのどちらも一面的な見方であり、曲の中核にあるのは、マーラーの"死後の生"や永遠への視線ではないでしょうか。

Ⅱ　マーラーの交響曲第6番

1．交響曲第6番の成立の背景

（1）　はじめに

　マーラーの交響曲第6番は、マーラーのすべての交響曲の中で悲劇的に曲を終える唯一の作品である。同時に、マーラー研究者の先駆的な存在であるアドルノは第6交響曲の第4楽章を「マーラーの全作品の中心」と呼び、マーラーに関して早期に伝記を書いたパウル・ベッカーは、これを「（第8交響曲のフィナーレに次いで）マーラーが書いた最も偉大な音楽である」としていた。随分以前の記憶で不確かだが、諸井誠氏は、「マーラーの11曲の交響曲は、楽章構成の点からも、また内容的にも二段階的な発展がある。第6番はその中心に位置する傑作である」と指摘されていたように記憶している。

　すなわち、下記の図に示したように、ともに最初に作られた形が5楽章構成である1番と7番（後に1番は4楽章構成へと変更）、ともに大きく2部に分かれて変ホ長調で壮大に合唱で終わる2番と8番、そして6楽章で歌を伴う点で共通する3番と「大地の歌」、ともに4楽章構成である4番と9番、とも

図　マーラーの二段階的な発展
（諸井誠によるものを改変）

に5楽章構成である5番と10番というようにそれぞれ対応しており、第6番は前半と後半をつなぐ中心的な位置にあると述べていたが、これは第6番の重要性を指摘した興味深い言及だと思う。

この作品の成立背景については、多くのマーラーの伝記に書かれている伝説がある。妻のアルマが1938年から1939年にかけて書いた『回想と手紙』では、この交響曲は「運命の三度の打撃を受けて破滅していく英雄」を描いたとしており、その英雄とは、1907年に長女の死、自身の心臓病宣告、ウィーンの宮廷歌劇場辞任という三つの悲劇を経験したマーラー自身であり、マーラーの将来を予言したということであった。マーラー自身が交響曲第6番については多くは語っておらず、アルマの回想録がこの曲について雄弁に多くのことを語っているため、その後の多くのマーラーの伝記は、アルマの『回想と手紙』の影響を受けていた。20世紀最大のマーラー指揮者の一人であるバーンスタインですら、上記の解釈を信じて、マーラー第6番の最終校訂版には、ハンマーは2回しかないのに、コーダに1回追加し、「運命の三度の打撃」と映像記録でも語っている。

しかし、アルマによる『回想と手紙』はマーラーの死後20数年経過した頃に書かれた回想録であり、記憶の不鮮明なところで自分やマーラーを美化し、また虚言が多かったことが、その後の多くの優れたマーラー研究者の研究によって明らかにされている。そもそも「悲劇的」と一般的に使用されている副題は、チャイコフスキーの「悲愴」の場合などとは異なり、マーラーがつけた副題ではない。第4楽章の最後が悲劇的に終わるためにそのような副題がつけられてはいるが、「悲愴」交響曲におけるような絶望的な響きとは異なる。

そこで今回の指揮者の部屋では、マーラーがなぜこのような稀有な傑作を作曲したのかについて私見を述べて、この曲で問題になりやすい、アンダンテとスケルツォの楽章順、特徴的な楽器の使用について述べたい。なお以下の譜例については、長木誠司による『グスタフ・マーラー全作品解説事典』より引用した。

（2） 作曲の時代的背景と曲の示唆するところ

　マーラーの作品は、彼の人生との関わりの中で論じられることが多い。実際、交響曲第1番から第5番までは、マーラーの若いときからの人生観、音楽観、そしてマーラーの歌曲集とも関連が深い。マーラーは1897年にウィーン宮廷歌劇場の音楽監督に就任した。また1902年には19歳年下のアルマと結婚し、同年に長女マリア・アンナが出生、1904年には次女のアンナ・ユスティーナが生まれた。秋から春までの音楽シーズンは、ウィーン宮廷歌劇場の指揮者として多忙な日々を送り、自作を指揮する機会も増えて、1903年と1904年の夏に交響曲第6番のほとんどを作曲した。

　マーラーが作品の上では、ベートーヴェンの交響曲第5番に象徴される「苦悩から歓喜へ」あるいは「死か」再生へという理念などを音楽上で表現しようとしたのは、せいぜい交響曲第5番までであった。第5番や第7番、特に第7番の終楽章は、歓喜のように終わるが、実は勝利のファンファーレというよりは、どこか表面的あるいは祝祭的であったりした。そしてその後、マーラーの作風は永遠なものを求める方向に大きく転換していく。

　この交響曲第6番は、マーラーの表現しようとするところの転換点となった曲である。マーラーのような完璧主義者は、公私ともに最も幸せと思われる時期に、幸せにひたるというより、むしろ無意識的にも自己存在や人生・未来に対して、自罰傾向や懐疑的傾向が強くなったのではないだろうか。自分が西洋クラシック音楽界の頂点に立ち、家庭的にも最も幸せな時期であるが故に、人間存在がかかえる矛盾や悲劇性、そして生の多様なドラマを交響曲によって表現しているように思われる。

　とりわけアルマとの結婚生活は、無意識的にも多くの葛藤を生じたのではないだろうか。交響曲第6番は、4つの楽章のうち3つがマーラーでは珍しく同じ調性であるa mollで統一されているが、アルマのイニシャルと重なっているのは、果たして偶然だろうか。マーラーは交響曲第6番について多くを語っていないが、「私の第6番は、私の以前の5つの交響曲を吸収し、それを消化した世代だけが解釈できる謎をなげかけるであろう」との言及は示唆に富んでいる。

　マーラーの初期の作品が歓喜や再生をめざしたものであるのなら、その頂点は交響曲第 2 番にあり、永遠性・超越をめざした後期の作品の頂点は第 9 番にある。その両者の橋渡しをし、人生の感動、そして人間存在に包含されたドラマ性を最も完璧に示したのが第 6 番である。アルマの回想録にあるように、マーラーのその後の悲劇を象徴・暗示するといった観点では、曲の解釈を誤ってしまうのではないだろうか。

　晩年の作品では、3 つの悲劇との関連は明らかで、交響曲「大地の歌」、交響曲第 9 番、第 10 番は、死、あるいは永遠などの主題との関連なしには語れない。しかし中期の交響曲、特に第 6 番〜第 8 番は、マーラーの当時の人生と直接的には結び付けることなしに、マーラーの音楽的な想念の展開がなされていると考えるべきだろう。マーラーの中で、生や死、超越的世界、永遠などは常に大きな主題であったが、マーラーの交響曲は多様な世界を含めた一つの宇宙であり、その一つとして人間の体験しうる悲劇的な世界もこの交響曲には存在している。

（3）　アンダンテ楽章とスケルツォ楽章の順番について

　交響曲第 6 番の中間 2 楽章をどの順番で演奏するかについては、長い間議論があった。その一番の原因は、最も権威がある国際マーラー協会版によるスコアが 1963 年版では、第 2 楽章スケルツォ、第 3 楽章アンダンテとして出版されたのに、2003 年には国際マーラー協会がアンダンテ → スケルツォの順が正しいと修正し、2010 年に第 2 楽章アンダンテ、第 3 楽章スケルツォで刊行されたからである。このような混乱をきたした原因としては、マーラー自身の迷いがあったようである。

　マーラーは 3 回、交響曲第 6 番を指揮している（第 7 番、第 8 番は初演の指揮しかしておらず、第 6 番はマーラーが複数回指揮をした最後の交響曲となった）。1906 年のエッセンでの世界初演、1906 年のミュンヘン初演において、アンダンテ → スケルツォの順番で演奏した。最後のマーラー自身の指揮による 1907 年のウィーン公演で、マーラーは中間 2 楽章の順番を迷って、一時スケルツォ → アンダンテの順にしようとしたが、最終的には、やはりアン

ダンテ → スケルツォの順番となった。

　マーラーは4楽章構成の交響曲を全11曲中4曲しか残していない。第1・4楽章という重要な楽章がともに緩徐楽章となっている第9番は例外として、第1番、第4番では性格は全く異なるとしても第3楽章が緩徐楽章となっている。歴史的に考えると、古典派からロマン派前半にかけて、すなわちハイドン、モーツァルト、ベートーヴェン、シューベルト、シューマン、ブラームス、ブルックナー（の中期）までは、第2楽章が緩徐楽章と決まっていた（ベートーヴェンの交響曲第9番は例外であった）。その伝統が変わったのは、19世紀の終わり頃からであった。マーラーは交響曲第6番の作曲にあたり古典的な様式を大切にして交響曲を作曲しようとした。第1楽章の提示部にマーラーでは非常に珍しいリピート（反復）記号があるのもその一例である。このように古典的な様式感に近づけるため、マーラーはアンダンテ → スケルツォの順にしたのではないだろうか。

　しかし、第38回定期演奏会で、あえて昔風にスケルツォ → アンダンテとしたのは以下の考えによる。アンダンテ → スケルツォとした場合、印象としては、曲の悲劇性は深くなり、スケルツォ → アンダンテとした方が悲劇からの救済の可能性について少し語られることになるだろう。マーラーがウィーンで交響曲第6番を指揮したのは、1907年の1月だった。この時期のマーラーは交響曲第8番をほぼ完成させており、超越や救済のテーマはマーラーの思考に影響を与えていたので、マーラー自身、中間2楽章の順を迷ったのではないだろうか。

　また、交響曲のように複数の楽章がある場合でも、名曲では全曲の2/3を超えたあたりに、最も核心的なところ、また最も美しい部分があることが多い。第3楽章の最後の3分間くらいは、マーラーが作曲したあらゆる曲の中で、最も美しい箇所の一つである。今回はそのような観点から第3楽章をアンダンテにした。また、演奏のエネルギーを極度に要求される第4楽章の前の対比という意味でも第3楽章がアンダンテの方が演奏者にとって、はるかに演奏しやすい。

（4）　交響曲第 6 番における打楽器・鍵盤楽器

　打楽器の使用については、マーラーのあらゆる交響曲の中で第 6 番ほど独創的な曲はない。交響曲第 6 番は、様々な打楽器など、それまでにマーラーが使用したことがなかった楽器を取り入れられているが、その中でも特筆するべき楽器はハンマーとヘルデングロッケン（カウベル）とチェレスタである。ハンマーについては、全曲がほとんどでき上がってから付け足された楽器であり、マーラー自身によって、「金属的な音ではなく、重い鈍い響きで」と指定されているので、木製の台を木製のハンマーでたたくことになる。1905 年 5 月の自筆スコアでは 5 回、1906 年 3 〜 4 月の第 1 版（第 1 稿）では 3 回、同年内の第 3 版（第 2 稿）では 2 回と減っていった（2 回に減った 1906 年当時は、マーラーは超越を高らかに歌った交響曲第 8 番の作曲にまさに取り組んでいる時期でもあった）。

　残された 2 回というのは、第 4 楽章で、最も闘争的な雰囲気になる展開部 2 ヶ所で使用されているので、その衝撃は大きくても想定範囲内のものである。これに対して、最終的に削除された 3 か所は、いずれも第 4 楽章の第 1 ヴァイオリンによる冒頭主題（譜例 32）が繰り返し演奏されるフレーズの 7 小節目に加えられたもの（小節数では 9 小節、530 小節、783 小節）で、その箇所で演奏されると衝撃は異様であり、削除されたのが当然だろう。

　ハンマーより音楽的に重要なのはチェレスタとヘルデングロッケンである。チェレスタは 1886 年に初めて作られた楽器で、天上の場面あるいは彼岸の世界を表わすために用いられている。ヘルデングロッケンは、英語で言えばカウベルである。アルプスなどで牛などを放牧する時に、牛の所在がわかるようにベルをつけたものが楽器になったのだが、交響曲第 6 番の演奏において、ヘルデングロッケンはアンダンテ楽章以外では舞台裏に置かれるので聴衆からは見えない。複数個必要で、牧歌的なものを象徴するのではなく、遠くの別の世界、あるいは世界から置き去りにされたような雰囲気を作り出すために使用されている。

2．マーラーの交響曲第6番の楽曲分析

（1）　動機による全曲の統一性と全曲のバランスについて

　マーラーの交響曲第6番で際立った特徴は、一つの動機によって、全曲を
まとめようとする試みである。すなわち譜例21にあるように、イ長調の主和
音からイ短調の主和音にそのまま移行するというもので、第1楽章に始まり、
スケルツォ楽章、第4楽章で次第に回数が多くなっていく。パターンとして
は2つあり、和音の変換（同名調の長調から短調への変換）だけのものと、譜
例21の低音部にあるようなティンパニによるリズムの動機を伴うパターンで
ある。ティンパニの強打によるリズム動機を伴うと、その衝撃は深くなる。回
数を数えてみると第1楽章で4回（和音の変換だけが2回、リズム動機付が2
回）、スケルツォ楽章では、すべて和音の変換のみで7回（楽章の最後に頻出
する）、終楽章でさらに増えて11回（和音の変換だけが5回、リズム動機付
が6回）となっている。和音変換については、すべて長調から短調への変換で、
その逆は1回もない。移行の際の強弱については、第1楽章、スケルツォ楽章
では基本的にfからpに減衰するパターンであるが、終楽章では、楽器によっ
て異なり、一部の楽器の音量が減衰し、他の楽器の音量が増大するなどという
ように、音色の変化が多彩になり、悲劇性が高まっていく。

　また、この動機が現れないアンダンテ楽章においては、例えばC→As→G
→Fという旋律が、いきなりCes→As→G→Fに移行すること（和音でい
うと、この例では変ホ長調の下属和音から変ホ短調の下属和音への変換）、あ
るいはその逆の短調から長調へというパターンが奏でられることで、秘かに前
述の動機との関連が示唆されており、印象的である。

　楽章ごとのバランスについては、第1楽章は提示部を反復しないと17〜18
分、第2、3楽章は、それよりやや短い長さであるのに対して、第4楽章は30
分を超え、編成面においては第4楽章でトランペットが2人、トロンボーンが
1人追加になり、ハンマーなどの特殊打楽器も加わるなど、明らかに終楽章に重
点が置かれた曲となっている。マーラーの交響曲は、第2番、第8番、「大地の
歌」など終楽章に重心のある曲は、他にもあるが、純粋に器楽だけの楽曲では、

第6番は異例の規模であり、第4楽章の極限にまで達した劇的表現のすごさも
あり、この曲の価値は終楽章によって、限りなく高くなっているといえるだろう。

　以下の楽曲分析では、あえて第2楽章をスケルツォ、第3楽章をアンダン
テ - モデラートとしたが、その理由は前述した通りである。

（2）各楽章の分析

第1楽章

　第1楽章は、厳格なソナタ形式によっている。マーラーのほかの交響曲で
もしばしばみられるように、葬送行進曲のように始まるが、激しく勇壮であ
り、譜例22の第1主題のように跳躍音程の多さ、譜例21の中心動機とも関
連するような付点8分音符のリズムが特徴的である。この第1主題の途中で譜
例23のように、スケルツォ楽章で頻繁に現れる動機も含まれている。これに
対して、第2主題（譜例24）はアルマ・マーラーの回想によると、アルマを
象徴する主題といわれてきたが、マーラーが本当にそのように語ったか、その
言葉の真偽の程は定かではない。非常に情熱的で魅力的な主題であることは明
らかであり、生への願望を象徴しているとも考えられる。

　この第1楽章では、対照的な性格の第1主題と第2主題の間にコラール主
題（譜例25）が置かれているが、展開部では、このコラール主題に導かれて、
穏やかで憧憬にあふれた旋律（譜例26）が木管楽器によって奏でられる。こ
こでは現実を超えた世界となっている。また、この旋律の前後では、舞台裏に
置かれたヘルデングロッケンと、チェレスタの音により、別世界としての響き
が強調される。しかしそのような静寂の世界はすぐに打ち破られ、闘争的な世
界にもどされる。楽章の最後は、譜例24の第2主題がイ長調で展開されて、
一見勝ち誇ったかのように華々しく終わる。

第2楽章　スケルツォ

　第2楽章はＡＢＡＢＡという形の複合3部形式になっている。主部では、この楽章も第1楽章の冒頭と同じように、行進曲あるいは死の舞踏という雰囲気で荒々しく演奏される（譜例27）。その後、第1楽章の譜例23から変奏された動機、あるいは譜例28の動機が続くが、譜例28の動機は第2楽章中間部の後半で印象的に木管でゆったりと歌われ、また第4楽章の序奏でも形をかえて何度も現れる。

　中間部は譜例29のように拍子がめまぐるしくかわる。アルマの回想録によると、この旋律は「砂場の上をよちよち歩きをする二人の子ども」の姿を描いているとされているが、回想録のこの記述も、マーラーが本当に語ったのかどうか不明である。やはりアルマによる交響曲第6番の解釈（私小説化）ではないだろうか。スケルツォ楽章の中間部は、4拍子系と3拍子系が混在しているが、基本的には、マーラーが好んだレントラー（3/4拍子の南ドイツの民族舞踊で、18世紀末頃まで、現在のドイツ、オーストリア、スイスにあたるドイ

ツ圏南部一帯で踊られた）の一つの変容と考えた方がいいのかもしれない。この第2楽章の最後は、オーケストレーションが極めて簡素となり、マーラーを尊敬した、十二音技法の作曲家であるウェーベルンによる、音色旋律にもつながっていく先駆的な箇所である。その所で譜例21の動機が何度も出現し、孤独なこの世からとり残されたような雰囲気をつくる。

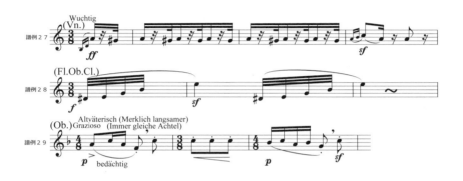

第3楽章　アンダンテ ― モデラート

闘争的な第1楽章、スケルツォ楽章とは異なり、穏やかだが情感にあふれた歌に満ちた楽章である。いきなり現れる主題（譜例30）は、穏やかな性格であるが、変ホ長調の和音外である変ヘ（Fes）、変ト（Ges）、変ハ（Ces）などの音が挿入されており、変ホ短調の響きをかもし出すことにより、譜例21の動機をひそかに示唆している。

この第1主題に対して、さらに暗い第2主題（譜例31）からは、この世から忘れ去られ、悲哀の中にたたずむような雰囲気となる。このアンダンテ楽章ではヘルデングロッケン、チェレスタが活躍する。特に、木管楽器、ホルンのソロによって第1主題が再現された後で、まずチェレスタなどによる、ユートピアの世界が表現された後、ヘルデングロッケンの響きに導かれて、曲は信じがたい程の高みに昇っていき、最後は変ホ長調の和音の中に消えていく。

第4楽章

　この巨大な終楽章は、ソナタ形式によっている。序奏が113小節、提示部が221小節、展開部が183小節、再現部が252小節、コーダが49小節と、コーダ以外、すべて長大である。

　ゆったりしたテンポの序奏では、まず譜例32の旋律が第1ヴァイオリンによって演奏される。これは、上昇、下降の大きな弧を描いているような旋律で、この楽章の節目となるところで、3回、変奏されたものを含めると計4回現れる重要なものである。そして、主要な3回はすべて譜例21の動機を伴う。

　次に、チューバによって演奏される譜例33や木管による譜例34の動機も重要な役割を果たす。また、ホルンによる譜例35の主題は、提示部、再現部で希望を象徴する第2主題（譜例38）の先駆けとなっている。長い序奏が終わり、提示部では譜例36の第1主題が躍動的でかつ厳しさをもって現れる。この終楽章では上昇あるいは下降のオクターヴの跳躍音程が形を変えながら何度も現れる（譜例37）。

　展開部は3部からなり、第1展開部と第3展開部はいずれもハンマーの強打で始まる非常に闘争的な音楽である。第2展開部は譜例39の主題によるポリフォニックで峻厳な性格のものである。曲が興奮や緊張のクライマックスを迎えたところで、突然、譜例32の主題が現れて再現部になる。悲劇的な終楽章の中で、再現部の途中でも、はるか彼方からの音楽、あるいは永遠と向き合うような美しい瞬間もあり、このような場面では、やはりヘルデングロッケン、チェレスタ、ハープが登場し、譜例38の第2主題が、提示部よりも落ち着いたリズムのクラリネットの伴奏にのって、オーボエによって歌われ、現世への愛にあふれた非常に魅力的な瞬間をつくり出す。譜例40の旋律、またその反

行形の旋律などで曲は最後まで異様なほど盛り上がり、再現部の最後ではイ長調となって高みに達するが、突然タムタムの音とともに譜例32の主要主題、譜例21の動機がもどり、トロンボーン、チューバ、ホルンによる後奏とともに静かに曲を終えようとした、まさに最後の瞬間、イ短調の主和音が強奏されて、消えていく中でこの壮大な交響曲の幕が閉じられる。

譜例40

3. おわりに

　伊勢管弦楽団では皆様のおかげで、第7回定期演奏会の交響曲第10番アダージョに始まり、第38回定期演奏会でマーラーの交響曲全11曲中9曲を演奏させていただきました。マーラーの交響曲第6番を心から愛し、またこのような難曲への挑戦が可能になるほど、伊勢管弦楽団の発展に多大な御尽力をいただいている名誉コンサートマスターの上村宰史さんに、この場をお借りして、こころからの感謝の想いを書かせていただきます。第38回定期演奏会のマーラーの第6番も、上村宰史さんの存在がなければ、あり得なかった演奏会だと思っています。

第**8**章
マーラーの交響曲第8番

I　交響曲第8番の成立

　マーラーは、1897年にウィーン宮廷歌劇場監督になった頃からは生活も安定し、指揮の仕事から解放される夏に、ヴェルター湖畔のマイエルニッヒの作曲小屋で集中的に作曲し、1～2年に一つの交響曲（歌曲も含めて）を完成させるという生活であった。特にこの交響曲第8番は、2か月という信じられないような早さで全曲がほぼ完成されている。1906年8月の指揮者メンゲルベルク宛の手紙には、次のように記されている。

　　　私はちょうど、私の『第8』を完成させたところです。これは今まで私が作曲したうち最大のものです。それは内容的にも形式的にもまったく独自なもので、とてもそれについて文字に書き表すことはできません。宇宙そのものが音を発し、響き出す様を想像してごらんなさい。そこにあるのはもはや人間の声ではなく、回転する惑星や太陽なのです。

　妻のアルマによると、この作品の成立経過について、まず9世紀の大司教マウルスによる賛歌「来たれ、創造主よ」を用いることが決まっていたが、マーラーの手元に正確なラテン語の全文がなく、ウィーンに電報を打って取り寄せてみると、これまで作曲してきた音楽に歌詞全文がぴったりあったとされ、マーラーの霊感と超人的なこの曲への取り組みが強調されている。マーラー自身も、「自分は書きとらされたのだ」と繰り返し話していた。

　当初は、9世紀にマウルスにより書かれた聖霊降臨祭のための賛歌「来たれ、創造主よ、聖霊よ」を第1楽章とし、第2楽章は「スケルツォ」または「カリタス」、第3楽章は「アダージョ・カリタス」または「幼子イエスと一緒のクリスマス劇」、第4楽章は賛歌「エロスの誕生」または賛歌「エロスによる創造」として構想された。第1楽章はそのまま第1部となったが、第2〜4楽章は、第1部を作曲している最中に2部としてまとめられることになり、ゲーテの「ファウスト」第2部の最終場面に変わった。

　一見、聖霊降臨祭のための賛歌と、ファウストの終末とは無関係に思われるが、マーラーの作曲小屋には、いつでもゲーテの全集があり、それにはゲーテが「あまねく世界人心へ訴えるアピール」と表現した「来れ、創造主よ」のドイツ語韻文訳が収められていた。キリスト教での愛（カリタス）と、真善美に到達しようとする衝動であるエロスの統合をファウストの終末に認めたマーラーにとって、元の構想の2楽章以下をファウストの終末に変更したことは、突飛なことではなかった。マーラーはエロスについてはプラトンから学ぶところが多かったが、後日、マーラーはアルマへの手紙で「すべての愛は生産であり創造であって、生産にも肉体的なそれと精神的なそれがあり、これこそあのエロスの所産にほかならないという見方なのだ。『ファウスト』の最終場面でも、このことは象徴的に歌われている」と述べている。

　この交響曲第8番を作曲した翌年の1907年にマーラーは、長女マリア・アンナの突然の病死、自身の心臓疾患の宣告、ウィーン宮廷歌劇場における反マーラー・キャンペーンの高まりと監督辞任という3重の打撃を受け、その後妻アルマの不倫問題も重なり、交響曲「大地の歌」、交響曲第9番、交響曲第10番と、死の問題に直面した内容の作曲を続けた。このような苦しい状況の中で、1910年マーラーは交響曲第8番の初演に膨大なエネルギーを使い、数ヶ月にわたる練習期間を経て同年の9月ミュンヘンで初演した。

　生涯の最後はウィーンに帰ることを希望したマーラーであったが、第8番の初演場所については、ウィーンを拒否しミュンヘンを選んだ。この初演は、音楽会企画者グートマンの協力ものと、管弦楽171人、合唱500人、児童合唱350人、独唱8人で演奏され、初演時に「千人の交響曲」の愛称がグート

マンによってつけられ、マーラーの作品のこれまでのどの演奏会よりも、圧倒的な感動をもって迎え入れられた。ただ、マーラーは「千人の交響曲」という呼称は嫌がっていた。初演の8か月後の1911年5月11日、連鎖球菌感染症のため、マーラーはウィーンで死去した。

　マーラーの生涯と作品を第4交響曲までの第1期、第5番から第8番までの第2期、「大地の歌」からの第3期と分類することは定説となっている。マーラー自身は、第8番を完成した時、これまでの作品をこの第8番の前奏曲と呼んでいたが、ラ・グランジュが指摘しているように、徹底的に肯定的な作品を創ることによって、第2期の作品群の第6番や「亡き子を偲ぶ歌」における悲劇性や第5、7番における多義性を克服したいと思っていたのではないだろうか。

Ⅱ　ファウストについて

1. ファウストについて

　ゲーテは、ファウストの第1部の前身である「ウル・ファウスト」を24歳から26歳にかけて書き、57歳の時（1806年）第1部を完成させ、第2部については、76歳から死の前年1831年（当時81歳）までかけて完成した。このようにゲーテにとって、ファウストはライフ・ワークであった。ファウストのあらすじは以下のようになっている。

（1）　第1部

　ファウストはすべての学問研究が、真の認識を与えてくれず、意味のないものであることに絶望して、毒杯を手にする。しかしその時、聞こえてきた復活祭の朝の鐘と聖歌の合唱の美しさに、自殺を思いとどまり、生きようと決心する。

　復活祭の日曜日、散歩に出ると、むく犬に化けた悪魔メフィストフェレス（以下メフィストと略）が近づいてくる。メフィストはファウストの胸に燃え

たぎる憧憬を、官能の楽しみで鎮める申し出をする。そのかわりファウストが「とどまれ、おまえは余りに美しい」と言ったら、魂をメフィストのものにするという賭をする。

　メフィストはファウストを若返らせ、少女マルガレーテへの恋に陥れる。少女の純情は、その母や兄の死を招き、不義の子を殺し、あわれにも発狂したまま獄屋にとらえられて死刑執行を待つ身となる。少女の幻を視たファウストは少女を救おうとする。しかし少女は罪を悔い、悪魔と手を結ぶファウストの救いを受け入れない。天からの声が彼女の救いを告げ、ファウストはメフィストに引き去られていく。死刑の日の暗闇のなかに、愛する彼の名を呼ぶ少女の声が聞こえていた──。

（2）第2部

　第2部のすじがきは複雑である。少女への罪責から、眠りに癒されて目覚めたファウストは、いよいよ行動の巨人として現れる。彼はメフィストを皇帝の宮廷に連れて行き、栄光と名誉のとりこにさせようとする。そこからさらに「古典的ワルプルギスの夜」に誘いギリシャに案内する。美女ヘレナを冥府（よみ）から呼びさますことに成功し、彼女の愛を得、一子もうけるが、その子の死とともに、ヘレナは死者の国に帰っていってしまう。

　メフィストの助けをかりて皇帝のために力をつくし、報奨として海辺の土地を得、干拓事業にとりかかる。ここで「自由な民とともに自由な大地」に立ちたいと願った。しかしこの事業の際にも、直接手を下したわけではないけれども、罪のない人を殺害する罪をおかすことになる。憂いの霊を吹きかけられた息で盲目になるが、死に至るまで行動的であることをやめない。彼の最後の事業は共同体のための行為であって、百歳にしてはじめて、同胞のために生きて働くのだという幸福を予感した利那、死に見舞われる。メフィストとの賭によれば当然悪魔の手におちるはずの彼は、天からの恩寵と愛によって天に救いあげられる。そこには昔グレートヒェン（マルガレーテの愛称）と呼ばれた少女の霊が「とりなしの祈り」をなしつつ彼を待ち、浄められた人の群に導かれていくのだった。

天使たちが上から「恩寵」の歌を歌う、

霊の世界の高貴なひとりの仲間が、悪から救われた。

《たえず努力して励む人をわれらは救うことができる》。

そのうえこの人には愛が天上から与えられて、

幸せなものの群が心からこの人を歓び迎えるのだ。

2. ファウストと大作曲家

　これまで多くの大作曲家がファウストに音楽をつけている。1840年代から1850年代にかけて、有名な曲が3曲作曲された。まず作曲したのはシューマンで、「ファウストからの情景」では、ファウスト全体からシューマンが抜粋して作曲しており、マーラーが作曲した2部の終末の場面にも、シューマンは音楽をつけている。次に作曲されたのは、リストのファウスト交響曲で、第1楽章「ファウスト」、第2楽章「グレートヒェン」、第3楽章「メフィストフェレス」となっていて、第3楽章の最後だけ男声合唱が加わり、ゲーテの詩については、マーラーの最後でも歌われている「神秘の合唱」の部分だけが扱われている。リストが作曲したすぐ後にオペラ「ファウスト」を作曲したグノーは、第1部を脚色してオペラとした。

3. ファウスト2部の終末の場面

（1）概　説

　ファウストの第2部は5幕からなっており、第5幕はさらに7つの部分から成っているが、マーラーは第5幕のその最後の「山峡」の部分に曲を付けている。宗教的な色彩を帯びたゲーテの人生観、宇宙観が示されている部分である。

　ファウストの終末は謎に満ちている。ファウストが死んでから、ファウストの亡骸、魂がメフィストフェレスの方にではなく、天使たちの力により、より高い領域、すなわち天に召される過程を描いているとも考えられるが、その内容はより象徴的である。この第2部の核心は、かつてグレートヒェンと呼ばれた女性が、栄光の聖母（昇天したマリア）の恵みによって昇天し、グレート

ヒェンのとりなしによって、ファウストもメフィストフェレスの領域ではなく、天に召されるという点にある。ここで（特にマーラーの音楽で）、もう1人中心的な役割を果たすのは、マリア崇拝博士である。マリア崇拝博士はカトリックに認められている歴史的存在で、中世の宗教学者と考えられるが、「永遠に女性的なものが、我々を高みに至らせる」という全曲最後の「神秘の合唱」を導入する役割を果たす。

（2） 詳説（曲順の詳しい説明）

① 合唱とこだま

　森、岩、荒涼の地。聖なる隠者たちが、山の斜面にそって分かれ分かれに岩窟の間に座を占めている。「山峡」での出来事は、谷底から次第に天上へと移行していく。

② 法悦の教父（バリトン独唱）

　煩悩を解脱し神との合一をもとめる法悦の境地に達した教父。この境地を反映して、最後の神秘の合唱と同じ主題が使われている。

③ 深奥の教父（バス独唱）

　瞑想と祈願によって神の啓示を得ようと努力中の教父。谷の深みにいてまた高処へ登れない。音型としても、不安定な跳躍の多い歌となっている。

④ 天使や少年の合唱（女声合唱と児童合唱）

　この部分では、ゲーテの原作が一部省略されたり、順序が変更されたりしている。3種類の合唱がある。悪魔に勝ったことを手放しで喜ぶ「未成熟の天使」、いまだ不浄のものにまとわれたファウストの霊を運ぶことに苦痛を感じている「成熟に近い天使」、生まれてすぐ、あるいは生まれる前に汚れのない魂のまま天に召された「昇天した少年たち」で、「天使」は女声合唱によって、「少年たち」は児童合唱によって歌われる。

　天使たちはファウストの霊魂を不滅の運びながら、「たえず上をめざす者は、誰でもわたしたちの手で救われます」「バラの花をぶつけると悪魔はたじろぎ逃げました」などと歌う。少年たちは、「まださなぎの姿のこの方（ファウスト）を喜んでお迎えしましょう」などと歌う。

⑤　マリア崇拝博士（テノール独唱、合唱が続く）

　マリア崇拝博士とは、先にも述べたように、聖母マリアを最高の崇拝の対象とし、すべてをマリア崇拝にささげた中世神学者の中で、その奥義を極めた人々で、最も高いところに位する存在である。マリア賛美の歌が続くが、練習番号 106 の 1st Vn で奏でられる愛の主題の出現以降は、ゲーテの書いたマリア崇拝博士の詩は、合唱によって歌われ、より普遍的な性格を持たされている。

⑥　贖罪の女たち

　贖罪の女が 4 人現れる。そのうち 3 人は、罪深い女（マグダラのマリア）、サマリアの女、エジプトのマリアで、いずれも聖書上の登場人物なので、現実を超えた世界となっている。パリサイ人によって罪深いとそしられていた女は、イエスの足を自分の涙で洗い髪で拭くという行為によって、過去の罪を許された。サマリアの女は、井戸を汲みに来て、そこに休んでいる旅人イエスに会い、「私が与える水を飲む者は決して渇かない。私が与える水はその人の中で泉となり、永遠の命に至る水はわき出る」と語られたその言葉から、女はそれがイエスであることを知った。エジプトのマリアは、17 年に及ぶ淫蕩な生活ののちにエルサレムの聖地へ巡礼したが、見えざる手によって寺院の外に突きもどされ、このことから自分の罪深さを悟り、砂漠で 48 年間きびしい懺悔を行い、死にのぞんで祈りの言葉を砂に書いた（のち、その懺悔の行によって聖女とされるに至った）。この 3 人の女が、栄光の聖母（昇天したマリア）にグレートヒェンへの恵みを請い、グレートヒェンは栄光の聖母にファウストへの恵みを請う。

⑦　栄光の聖母とマリア崇拝博士

　栄光の聖母は、グレートヒェンの昇天（そしてファウストの昇天）を促し、マリア崇拝博士の感激の歌が続く。

⑧　神秘の合唱

　神秘の合唱の訳は、以下のようになっている。なお多くの訳では、象徴的な言葉で訳されているため、難解な内容がますます理解困難になっていることから、ここではできる限り、わかりやすい言葉で訳をした。

すべて移ろいゆくものは、（永遠なるものの）比喩の他ならない。

足らないことも、ここに高い事実となる。

言葉で表現できないものが、ここで成し遂げられた。

永遠に女性的なものが、われらを高みに引き昇らせる。

マーラーの交響曲第2番「復活」の最後のコラールでは、死からの復活や不滅の生命がテーマとなっているが、第8番のこのコラールでは、愛による永遠がテーマとなっていて、マーラーは、最後の行 "Zieht uns hinan"（われらを高みに引き昇らせる）を何度も何度も強調して使用している。

4. マーラーのファウスト解釈

マーラーは読書家で、ドストエフスキー、ジャン・パウル、ショーペンハウアーなどを好んで読んだが、若い頃から最も大切な作家はゲーテであった。マーラーは、ゲーテのファウストについて、1909年のアルマに宛てた手紙の中で、次のように述べている。

いっさいの現象の背後にあって永遠にうつろわぬところのもの、それは "言い表しがたい"。神秘の威力によってわれわれを "ひきてのほらしむもの"、いかなる被造物も、おそらくは路傍の石くれにいたるまでも、絶対の確信をもっておのれの存在の中心と感じているもの、それをゲーテはここで…永遠に女性的なものと名付けたのだ。…それは目的の地であって ― この地をめざしての永遠の憧憬と努力とたえざる葛藤、つまり永遠に男性的なもの対極者にほかならない！ ― きみがこれを愛の力と呼んだのはまことに正しい。…永遠に女性的なるものがわれわれをひきてのほらしめ…地上であこがれ求めることしかできなかったものを所有するのだ、と。キリスト教徒はこれを〈永遠の至福〉と名づけるが、私はむしろこの美しい十全な神話的表象を描写の手段に用いざるをえなかった。― それは現在の人類が受け入れることのできるもっとも適切妥当な表象だからだ。

Ⅲ　マーラー交響曲第8番の楽曲分析

　交響曲第8番の1部と2部は、ともに愛をもって高みをめざすということ
で、精神的な統一をしようとしている。しかし、1部がラテン語の賛歌、2部
がゲーテのファウストの終末（ドイツ語）という、全く異なった部分から成っ
ており、また1部はポリフォニック、2部の後半はホモフォニックと様式が異
なるため（音響的には第1部は交響曲第7番の終楽章に、第2部の後半は「大
地の歌」に近い）、共通の主題などにより、いかにして統一した雰囲気を与え
るかに最大限の工夫がなされている。特に下記の譜例1、2の主題は、第1部
の主要主題であるが、全曲の重要なところで、反復されて使われている。譜例
3、4の主題は、第2部の主要主題で、譜例2も含めて、相互に関連しあって
いる。なお、譜例は、長木誠司による『グスタフ・マーラー全作品解説事典』
より引用した。

譜例6

Ich seh - ne mich, o Freund, an dei-ner Sei - te

譜例の説明

1. 冒頭の Es − B − As の音型は、「大地の歌」の冒頭における A − G − E のように、第1部の核となる主題（動機）となっているだけでなく、第2部の最後の管弦楽における後奏をはじめ、至る所で重要な役割を果たす。

2. 冒頭の主題に次いで、全曲を統一する重要な主題で、この後半部分（H − Cis − Dis − Gis − Fis）は、第2部の56番やコーダの神秘の合唱で hinan という言葉とともに何度も使われ、譜例3の第2・3小節目とも関連して、超越的志向性の雰囲気を形作る。また後半における順次上昇する音階は、マーラーの他の曲の中でも、第2番の復活の主題（譜例5）、第4番の冒頭、第5番のアダージェットの冒頭、「亡き子と偲ぶ歌」の第2曲など、愛や生を歌った作品でしばしば出現する特徴的な音型である。

3. 第2部の冒頭主題。1小節目は、神秘の合唱のテーマとも関連し、4、5小節目は譜例4とも関連する。

4. 第2部のいわゆる「愛の主題」。2部の後半を支配する。

5. 交響曲第2番「復活」の終曲で活躍する主題。譜例2（Accende）の主題との近似性は明らかである。

6. 交響曲「大地の歌」の終楽章の中程で人生への惜別の情を歌う、最も美しい場面の主題。第8番の「愛の主題」（譜例4）から派生したと思われる。

第1部がソナタ形式であるのは明らかであるが、第2部については、アダージョ、スケルツォ、フィナーレの3部からなっているとする解説書が多い。しかし以下では、ソナタ形式も意識した自由な形式として示した。

なお、以下（　）内は練習番号である。

第 1 部：ソナタ形式

1 〜 168 小節（22）：提示部

　1 〜 45 小節（6）：第 1 主題提示部

　46（7）〜 107 小節（14）：第 2 主題提示部

　108（15）〜 140 小節（18）：移行部

　141（19）〜 168 小節（22）：第 3 主題提示部（第 3 主題は、既に第 1 主題提示部の 8 小節、第 2 主題提示部の 80 小節でも示されている）

169（23）〜 412 小節（63）：展開部

　169（23）〜 261 小節（37）：展開第 1 部（前半はオーケストラによる間奏)

　262（38）〜 311 小節（45）：展開第 2 部（合唱による：後半はマーチ）

　312（46）〜 365 小節（54）：展開第 3 部（合唱の二重フーガ）

　366（55）〜 412 小節（63）：展開第 4 部（再現部への移行とクライマックス形成)

413（64）〜 493 小節（79）：再現部

　413（64）〜 431 小節（68）：第 1 主題再現部

　432（69）〜 450 小節（71）：第 3 主題再現部

　451（72）〜 493 小節（79）：移行部

494（80）〜 580 小節（92）：コーダ

第 2 部：オラトリオやカンタータを思わせるような自由な形式だが、再現部のないソナタ形式とみることが可能である（テキストからして過去を振り返るような再現部はあり得ないが)。

1 〜 166 小節（23）：序奏

167（24）〜 579 小節（80）：提示部

　167（24）〜 384 小節（55）：提示第 1 部（隠者の合唱〜法悦の教父〜瞑想する教父）

　385（56）〜 539 小節（74）：提示第 2 部（天使の合唱）

　540（75）〜 579 小節（80）：提示第 3 部（天使の合唱：第 1 部の第 3 主題）

580（81）〜 1420 小節（198）：展開部

580（81）〜 779 小節（105）：展開第 1 部（マリア崇拝博士；なお 639 小
節からのマリア崇拝博士の主題は次に出る「愛の主題」そのものである）

780（106）〜 867 小節（116）：展開第 2 部（愛の主題）

868（117）〜 1248 小節（171）：展開第 3 部（4 人の懺悔する女性〜第 1
部の第 2 主題が第 1 部ではなく、第 2 部の展開第 3 部の後半で再現される）

1249（172）〜 1420 小節（198）（展開第 4 部（栄光の聖母〜マリア崇拝
博士・合唱）

1421（199）〜 1972 小節（220）：終結部（間奏〜神秘の合唱）

Ⅳ　マーラー交響曲第 8 番の名演奏

1. はじめに

　マーラーの交響曲第 8 番は、実演で 4 回くらい、ビデオ・ＣＤなどでは、約
20 種類聴いてみました（ホルンの田中一典さんのご協力も大きいのですが）。
マーラーの作品の中でも、第 8 番は、至高の魅力と、ある種の弱点を抱えた曲
なので、演奏者、特に指揮者の表現によって、超傑作にも、冗長にもなり得る
ような曲だと思います。筆者にとって気に入った演奏についてのみ、述べさせ
ていただきます。

2. バーンスタイン（1918 〜 1990）の演奏

　バーンスタインは、この曲を 3 回、録音または録画しています。最も古いの
が、1966 年のロンドン交響楽団との演奏、一番新しいのが 1975 年のウィーン・
フィルとのザルツブルグ音楽祭での実況録音、それにその間に録画されたと思
われる（正確な録画日時がわかりませんが）ウィーン・フィルとのウィーン・
コンツェルトハウスでの実況録画です。バーンスタインのマーラーは、すばら
しい演奏が多く、20 世紀後半における最大のマーラー指揮者はバーンスタイ
ンであると言っても、言い過ぎではないでしょう（バーンスタインほどの世界
的活躍ではないものの、音楽的内容から判断するとバーンスタインに匹敵でき

るのは、20 世紀後半ではテンシュテットと思っています。20 世紀前半ではワルターの功績は非常に大きいところです）。バーンスタインのマーラーの極めつけは、やはりマーラーの 9 番です。筆者自身、バーンスタインのマーラーの 9 番は 3 回、実演で聞いているのですが、その感激は忘れられません。しかし、同じマーラーの晩年の作品でも、「大地の歌」は、ワルターやクレンペラーの演奏の方が好きですし、10 番もクーベリックの方がよいと思っています。

　8 番については、バーンスタイン自身が、ファウスト的世界観の終焉という言葉をどこかで述べていたと思いますが、バーンスタインの世界とマーラーの 8 番の世界は、バーンスタインが年をとるにつれて、次第に離れていったのではないでしょうか。バーンスタインは晩年になるにつれて、時として異様な程のテンポの遅さが目立つようになりますが、1975 年の演奏でも、第 2 部の練習番号 89 のマリア崇拝博士が Höchste Herrscherin der Welt と歌うところとか、第 2 部の練習番号 148 からの「かつてグレートヒェンと呼ばれた懺悔する女」が Neige, neige, du Ohnegleiche と歌うところなど、明らかにテンポが遅くて、自己陶酔的というか、バーンスタインが批判されてきた演奏上の欠点がみられると思います。バーンスタインの演奏を聴いていると、1970 年代は、スランプの時期（中年期危機）であったと思われますが、テンポの設定だけではなく、バーンスタイン自身のマーラー 8 番に対する演奏の必然性を考えても、最もすぐれているのは、1966 年のロンドン交響楽団との演奏ではないでしょうか。この演奏でのテンポ設定には、不自然さはあまり感じられません。ただ、年齢も 40 代後半と若いだけに最後の「神秘の合唱」でマーラーの指示よりも速く、練習番号 207 の前で既に速いテンポになってしまうのは少し残念でしたが、この曲のレコードとして、最も早く制作されたものの 1 つ（当時、国内で発売されている 8 番のレコードはなかった）でありながら完成度は高く、その価値は減ることはないでしょう。

3. ラトル（1955 ～）の演奏

　ラトルのＣＤは、2004 年にバーミンガム市交響楽団との実況録音が発売されている他、イギリスのユース・オケとした優れた演奏（映像）もあります。

テンポが部分的には速すぎると思うところもありますが、決してイン・テンポではなく、変化に富んでおり、聴き手を退屈させることが全くありません。第2部で最も緊張感が緩みやすい3人の女性が順番に歌うところも、表現力にあふれ、緊張感の持続も持続しています。マーラーの8番がかかえやすい弱点を最もうまく補っているという意味でも、全体としてのレベルの高さでも、筆者としては最もお薦めの演奏の一つです。

　ラトルのマーラーは、バーミンガム響とのマーラーの9番を大阪のシンフォニー・ホールで、ベルリン・フィルとのマーラーの9番をサントリー・ホールで聴いたことがありました。その時は、自分自身の認識しているマーラーの世界と相当異なると感じながらも、ラトルの表現する音楽の説得力に感動したのを今でも覚えています。余談ですが、シンフォニー・ホールでは、その曲の終了後、数十秒の沈黙が続き、帰りの電車の都合で拍手がなってから、すぐに会場を出たところ、同じように早く帰る聴衆が「クラシックの演奏会がこんなに怖いものと思わなかった」と言っていたのを思い出されます。またサントリー・ホールでのマーラーの9番は、私たち伊勢管弦楽団が名古屋マーラー音楽祭（2011 − 2012）において、マーラーの交響曲第9番を愛知県芸術劇場コンサートホールで演奏する5日前という絶好のタイミングで数人の仲間とともに聴けた演奏会で、最後の数分のppでの表現の凄さが印象的で、5日後の演奏に非常に得るところが大きい演奏会でした。マーラーの9番は、10回以上実演で聴きましたが、9番に関して、バーンスタインの次にラトルの演奏がよかったと思います。8番の性格からすると、ラトルの方が、バーンスタインより上ではないでしょうか。なおラトルが指揮者になりたいと思ったのは、8歳の時、マーラーの「復活」を聴いた時とのことです。

4. アッバード（1933〜2014）の演奏

　1995年にベルリン・フィルとしたライブも完成度の高い演奏です。まずベルリン・フィルがもの凄くうまい。独唱や合唱もレベルが高いです。アッバードの指揮は、全体的に颯爽としており、マーラー特有のアゴーギク（テンポの揺れ）も控えめですが、退屈することはありません。第2楽章の106の前（「愛

の主題」が 1st Vn で提示される前）や、171 の前（「栄光の聖母」の歌う前）
の in tempo は信じられないくらいで、筆者のマーラーのテンポ設定とは全く
異なります。しかし、最後の「神秘の合唱」でテンポが上がっていく 208 まで
sempre pp で表現する美しさなど、一度は聴く価値のある演奏だと思います。
アッバードのマーラーをたくさん聴いたわけではないですが、その中でも最高
の部類ではないでしょうか。

5. テンシュテット（1926 〜 1998）の演奏

　ロンドン・フィルとマーラーの全曲録音した演奏以外に、実況の映像もあり
ますが、ここではだれでも入手可能な CD 盤について述べたいと思います。こ
のマーラー全集は 1978 年から 1987 年まで 10 年をかけて録音されていますが、
その中でも 8 番は最後に録音されています。テンシュテットのマーラーはまさ
に後期ロマン派風で、6 〜 8 番が特に名演となっています。この 8 番でも、第
1 部の再現部の遅いテンポ、第 2 部の 4 人の女声ソロの遅いテンポなど、個人
的に若干違和感はありますが、非常に充実した演奏で、バーンスタインに時折
みられる自己陶酔的な表情は全くみられません。この演奏の欠点としては、ロ
ンドン・フィルの力量が他の超一流のオケに比べるともう一つのところ、独唱
者に出来不出来があるところでしょうか。

　なお、テンシュテットと同じロンドン・フィルの 1991 年のライブが映像で
みることができます（テンシュテットにとって 8 番の最後の演奏）。これも大
変な名演で、テンシュテットは 1990 年ころから病気のため、しばしば演奏会
のキャンセルがあり、1993 年 5 月のマーラーの 7 番を最後に演奏会のステー
ジに立つことはなく、1998 年に亡くなっています。

V　マーラーの交響曲第8番を演奏することの意味

1.　はじめに

　マーラーは、いくつかの交響曲の作曲において、しばしば時間を超えて永遠につながる特性、つまり超越性を志向しているように思われます。マーラーの作品の中で、特に交響曲第8番はマーラーが自分の最高傑作であると認めた曲であり、常に高みをめざし、超越性への志向性も強いです。同時に、20世紀後半におけるマーラー復興に大きな役割を果たした社会哲学者アドルノによる、「この代表作は、失敗に帰した、儀礼的なものの客観的に不可能な復活である」という否定的な見解に代表されるように、議論の多い曲です。

　この超越性、すなわち自己の現存在を超えて、未来に開かれた感覚は、心理学者マズローのいう至高体験とも関連した概念ですが、両者ともに1人の人間として生きていく上で意味が大きいと考えます。そこで、超越性という概念をキー・ワードとして、マーラーの交響曲第8番を演奏することの意味について述べさせていただきます。

2.　超越性について

　超越については、様々な概念があるが、ここでは「実存主義では、実存することは同時に自己の現存在を超える（例えば未来や存在そのものに開かれている）ことであり、それを超越と呼ぶ」と広辞苑に記された概念を基本的に採用して論じたい。超越性に関して、キリスト教は、時間という存在を認めつつ、いわば時間の境界のその果てにあるものを志向している。広井が指摘しているように、キリスト教においては、死 → 復活 → 永遠という構図の中で、超越性が扱われることになる。

　超越性の問題は、人間が死によって規定された存在というその有限性から出ているとも考えられる。裏返して言えば、死や重大な障害といった人間の極限的な状況において、超越性（超越性の表現）は、最も意味の重い概念である。

人間性心理学の中心的存在であるマズローは、人間の基本的欲求を生理的欲
求、安全の欲求、所属と愛の欲求、承認の欲求、自己実現の欲求の5段階に分
け、後者ほど高次元のものとした。しかしマズローは、晩年になるにつれて自
己実現だけでは不十分と考えるようになった。マズローは超越性に関連した概
念として、最高の幸福と充実の瞬間を至高体験とし、至高体験に関する調査研
究を行った上で、以下のように述べている。

　　至高体験は、単に時空を超越しているというだけではない。それらは比較的達
　観し、人の利害を超越しているというだけではない。それらはまた、みずからは
　『彼岸』にあるかのように、人間臭を脱し、自分の人生を超えて永続する現実を
　見つめているかのように、認知し反応するのである。
　　人は至高体験の際には、単にわたしがすでに触れてきた意味で神のようである
　ばかりでなく、また同様に他の意味でも神性である。とくに、普通のときにはどれ
　ほど悪く見えても、世間や人間を完全に愛すべきものとして、咎めず、思いや
　りをもち、またたぶん楽しみをもって受け容れるという意味で、神性が見られる
　のである。

さらにマズローは至高体験の残存効果として、以下の点を指摘している。

① 　至高体験は、厳密な意味で、症状をとり除くという治療効果をもつこと
　　ができ、また事実もっている。
② 　人の自分についての見解を、健康な方向に変えることができる。
③ 　他人についての見解や、かれらとの関係を、さまざまに変えることがで
　　きる。
④ 　多少永続的に、世界観なり、その一面なり、あるいはその部分なりを変
　　えることができる。
⑤ 　人間を解放して、創造性、自発性、表現力、個性を高めることができる。
⑥ 　人は、その経験を非常に重要で望ましい出来事として記憶し、それを繰
　　り返そうとする。
⑦ 　人生そのものが正当なものとされ、自殺や死の願望はそれほどあり得な
　　いものとなる。

超越性について、以下の視点からの検討も可能である。①主観的には「忘れ

得ない」という体験（感動体験）、客観的にはその人の人生において高い価値感情を伴った深い意味を持つこと、②自然や宇宙につながるという感覚。後者の宇宙につながるという感覚に関連して、トランスパーソナル心理学者であるウィルバーは、宇宙と自分とが一つである究極の意識を、すべての人間にとって本来唯一の意識状態と考えている。

3. 音楽における超越性

　感情、マテーシス、時間が、西洋音楽の３つの特徴であるとエゲブレヒトは述べている。（マテーシスという言葉について、エゲブレヒトは、知を作り出し「音楽的」な音を創造する要素とし、理性や知性に近いものとしている。）またこの３つの特徴は人間存在の中枢に関わっており、３つの特徴が音楽を構成する時の高度の直接性が、音楽の独自性をなしており、対象や概念をもたない音楽の規定性によって、音楽は人間の実存を自分の中に取り入れることができ、さらには人間の存在全体を越え、そのあらゆる活動、状況の中で広がるとしている。

　このように時間において、感情や理性が音楽として表現され、また音楽の中に包含されるのだが、その感情、理性が精髄として最高度に凝縮され表現された場合、感動体験となる。渡辺は感動について、「精神が衝撃を受けることだけが感動なのではなく、同時に対象への高い価値感情があり、その価値感情はなんらかの普遍的なものを志向することによって感動となる」と述べている。音楽における一瞬の感動体験がその人の心の中で永遠に残るという経験は、音楽を愛する人間にとって一つの原点だろう。シューベルト（最もアマチュア的な精神を持った大天才であった）が、1824年2月頃の（梅毒の発病による）最も困難な時期に日記に書いた言葉、「一つの美が、その人間の全生涯を通じて感動を与え続けるという。それは真理だ。しかし、その感動の余光が、他のすべてのものを照破するのでないければならない」。この言葉に共感できる人も多いのではないだろうか。この思いは、芸術の根幹をなす特徴でもある。またフルトヴェングラーは「人間的な感動の主要部分は、人間の内部にではなく、人と人の間にある」「音楽は何よりも一つの共同体験である」と述

べ、そのフルトヴェングラーの演奏会は、超越性を伴った感動体験として、多くの人々に語られてきた。感動の背景に、作曲者への深い感情移入があり、演奏家同士、あるいは聴衆との間での共同体験、共感が存在している。このように、音楽は時間に制約された芸術であり、再創造者（演奏者）が最大限の共感性と洞察力をもって介在するが故に、超越的な性格を、他の芸術にもまして獲得しやすいとも言えるのではないだろうか。

4. マーラーの交響曲第8番の志向する超越性

　交響曲第8番は、マーラーの作品の中で最も肯定的な響きの強い曲である。第1部では、賛歌「来たれ、創造主よ」を音楽化し、第2部のファウストの最終場面をそのまま音楽化していることの影響もあるだろう。ゲーテは、霊魂の不滅について以下のように述べている。

　　　人間は、不死を信じていいのであり、人間は、そうする権利を持っているし、それが、人間の本性にかなっているのであり、宗教の約束するものを期待していいのだよ。（中略）私にとって、われわれの霊魂不滅の信念は、活動という概念から生まれてくるのだ。なぜなら、私が人生の終焉まで休むことはなく活動して、私の精神が現在の生存の形式ではもはやもちこたえられないときには、自然はかならず私に別の生存の形式を与えてくれる筈だからね（山下肇訳）。

　このゲーテの考え、特に霊魂不滅が活動から生まれるという信念は、ファウストの終末の場面でまさに具体化されており、ファウスト的世界観として、マーラーのみならず後世に対して肯定的にも、否定的にも大きな影響を与えた。

　ラ・グランジュは、マーラーには超越性に対する絶対的な感覚があり、特に交響曲第8番には、限界を超えようとする意志、生と死の彼岸、人間の置かれている状況の向こう側を見ようとする意志があると指摘している。マーラーが音楽の中で超越性を表現しようとして、それが肯定的な形で最も見事に表現されているのは、交響曲第8番、ついで第2番「復活」においてであろう。超越性を表現しようとするためには、霊感（「復活」の場合も、指揮者ビューロウ

の葬儀でクロプシュトックの詩を聞いてから、難渋していた曲が一気に完成に向かったという霊感に満ちた背景があった）だけでなく、作曲上の様々な工夫も必要となってくる。交響曲第8番と第2番の場合、以下の要素が共通していると思われる。

① 約80分という長大な流れの中で、一つの方向をめざしていくという音楽的構成の強固さ

② 超越性の象徴としての、クライマックスにおけるコラールの使用

③ 曲の意味やテーマの一貫性

④ 人の声も含めた多彩で巨大なオーケストレーション、特に天上の音や自然の音を絶妙なオーケストレーションで表現できる能力

⑤ 超越性への志向性の言葉による反映（ewig や hinan という言葉の印象的、時として強迫的な使用）

超越性を志向した他のマーラーの交響曲（第9番や「大地の歌」などでも永遠がテーマとなっている）と第8番との違いについては、ラ・グランジュが指摘しているように、第8番は、どの曲よりも、限界を越えて自分の信仰や確信を肯定的に表現しており、また普遍的、全世界的であろうとしているために、民衆的な要素や具象的な要素がないことだろう。このマーラーの第8番における信仰の肯定的表現は、後に続くマーラーの3つの交響曲における死の受容の表現のため、また2度の世界大戦が影響したファウスト的世界観への否定的風潮のため、疑義をもって受け止められることがあった。しかし、マーラーが第8番において志向した超越性は、それに共感し、感動できる人間にとって大きな希望となるものである。ラ・グランジュは彼の膨大なマーラーに関する著作集の、50ページに及ぶ交響曲第8番の説明の最後を次の文章で締めくくっている。

　　第8番の今日の演奏者は、その努力が報われることを確証されている。自らを高めるために励ましてくれた作曲家、この世のうつろいゆくもの（Vergängliche）や不完全なもの（Unzulängliche）を越えて永遠の価値を賛美することに十分な才を示してくれた作曲家にずっと感謝することになるのである。

4. おわりに

　全員で一つの曲を作り上げるという演奏活動は、実利実益を超越した生きがいであり、その感動を共有できることは、どのオーケストラにも増して、伊勢管弦楽団でこそ何度か体験できたと実感するのは筆者一人ではないと思います。

　芸術活動をする人間の立場からは、超越性、永遠性というのは、大きな目標であり夢です。マーラーの交響曲第8番は、宇宙そのものが音を発し、響き出すと形容したその規模の巨大さ、超越性への強烈な志向性などにおいて、マーラーの作品の中でも特異な曲です。この曲の演奏が演奏者の数からしても、予算や事務作業の膨大さからしても、相当困難を伴うことは明らかですが、至高体験も470名の大管弦楽と大合唱なればこそ、より可能性が高くなるのではないでしょうか。マーラーは交響曲第8番を作曲する中で、この曲の演奏・鑑賞に関わった人々が、愛の永遠性・超越性に対する祈りを共に体験することを願っていたのだと思います。

第 9 章
マーラーの交響曲第 9 番

はじめに

　私たち伊勢管弦楽団は、2006 年にマーラーの交響曲第 8 番を伊勢管弦楽団のみならず、三重県の合唱、独唱を代表する方々とともに総力をあげて演奏しました。2006 年は交響曲第 8 番が作曲されて 100 周年にあたる年でした。マーラーの 9 番は 1909 年の 6 月に作曲が始まり、1910 年 3 月末には交響曲第 9 番は完成しましたが、マーラーは 1911 年 5 月 18 日に亡くなりました。伊勢管弦楽団の第 30 回記念定期演奏会ではマーラーの交響曲第 9 番などを 2011 年 5 月 15 日に伊勢で演奏しましたが、マーラーが亡くなったのは、ちょうどその 100 年前でわずか 3 日違いでした。単なる偶然としてもすごいですね。

I　マーラー交響曲第 9 番との出会い

1. 個人的思い出

　第 30 回定期演奏会、及びマーラー音楽祭で演奏したマーラーの交響曲第 9 番は、筆者自身、最も思い入れの深い曲です。筆者がマーラーの音楽が大好きになったのは中学生の時で、特に中学 3 年生では、あらゆる曲の中で最も大好きな曲がこの 9 番と「大地の歌」でした。当時持っていたレコードは、9 番がワルター指揮／コロンビア交響楽団、「大地の歌」がワルター指揮／ウィーン・

フィル（フェリアがアルトを歌っている LP の方）及びニューヨーク・フィルの演奏でした。当時心の底から、のめり込んで聴いていたのは、9番の第1楽章と「大地の歌」の第6楽章であり、9番の第4楽章の世界は、中学生の当時はまだ十分に理解できていなかったように思います。

　当時からバーンスタインがマーラーの全交響曲録音に取り組み始め、数年以内にはほとんどの作品が LP で聴くことができるようになってきました。当時は、まだ演奏会でマーラーの交響曲がとりあげられる機会は少なく、実演におけるマーラー体験はもう少し後でした。高校1年の時に聴いたハイティンク指揮のアムステルダム・コンセルトヘボウによる第1番が最初の演奏会でのマーラー体験で、興奮した記憶があります。

　自分の人生に重大な影響を与えるほどの圧倒的な演奏会は、1970 年9月始めに大阪と東京の2回だけ演奏されたバーンスタイン指揮のニューヨーク・フィルによるマーラーの交響曲第9番でした。特に東京公演は、マーラーの6・9番のレコード（3枚セット）を買った時に懸賞に応募して当選してチケットが手に入ったという、本当にラッキーにチケットが入手でき、たまたま聴けた演奏会でしたが、終楽章の途中から涙が止まらず、演奏会が終わってもしばらく立ち上がることができませんでした。当時、家族の猛反対を押し切って、医学部中退を決意し芸大をめざし、音楽の受験勉強を始めていたという個人的な事情もありましたが、あの演奏会以上に感動した体験は、いまだにありません。

　マーラー体験は実演でなければわからない要素が多いことについては、私たちのこれまでの経験から皆様も同意して下さるでしょう。その中でも、第9番の特に終楽章は特別なのです。その体験以降、十数年間の間は、その感動を求めてマーラーの演奏会、特に交響曲第9番については、できる限り実演に接するように努力してきました。その後約 10 回くらい聴いた中でのベストの演奏会は、バーンスタイン／イスラエル・フィルによる演奏でした。このイスラエル・フィルの東京公演は、残念ながら聴けませんでしたが、バーンスタインが感動のあまり、演奏の後で泣いてしまい、カーテンコールに出られなかったという有名な逸話があります。ただ最近は9番の演奏を聴いても、あまりに失望

してしまうことが多いため、演奏会からは足が遠のいてしまいました。

　音楽における一瞬の感動が、人々のその後の人生を照らす輝きとなること、その至高体験が超越的な体験となり、人々に生きる希望と勇気をもたらしうることについては、様々な芸術家、学者たちが語っています。マーラーの9番には、「人生からの別れ」あるいは「死の受容」という内容を中心に、愛、生の喜びと輝き、死、絶望、勇気、祈り、といった様々なテーマが比類のない完成度で表現されています。交響曲史上、最高傑作であり、西洋のクラシック音楽が到達した最も崇高な高みの一つと言っても過言ではないと思います。

2. 歴史的な2つの録音 ― ワルター／ウィーン・フィルとバーンスタイン／ベルリン・フィルの実演 ―

　この曲の名演奏は、名曲であるだけに数多いと言えるでしょう。指揮者の個性・人格が出やすく、オーケストラの力量が表れやすい曲だけに、どの演奏がよいかは聴き手の好みによって様々です。ただ曲の持つ、ただならぬ雰囲気をよく表現した名盤という点では、ワルター指揮／ウィーン・フィルの演奏とバーンスタイン指揮／ベルリン・フィルの演奏に勝るものはないのではないでしょうか。

（1） ワルターの演奏

　この演奏会が開催されたのは、オーストリアがドイツに併合される直前の1938年1月16日、ウィーンにおいてでした。ナチス・ドイツにおいては、ユダヤ人作曲家マーラーは、退廃芸術家として、既に演奏会のプログラムから消えていました。ウィーンにおいてもナチスの勢力が台頭しており、第9番を1912年に初演しマーラーを紹介することにだれよりも尽力を尽くしたワルターもユダヤ人であったため、ウィーンでの活動は年々制限されていきました。ワルターにとってウィーンにおける生涯最後の演奏会、としか思えなかった演奏会を何とか実現し、かつ録音しようとして、多くの困難を乗り越えて残された記録です。ユダヤ人音楽家への厳しい雰囲気、そして祖国の危機、人類の危機、自分自身の生命の危機という厳しい状況の中で、演奏会が敢行され、

ワルターはその後すぐパリに飛び、オーストリアは 1938 年 3 月 12 日にナチス・ドイツに占領されました。

　この演奏は全体で 70 分と、どの楽章も速く、緊張感の高さは、通常ではあり得ない程です。特に第 2、3 楽章はすばらしいと思います。録音が古くダイナミックスのレンジが狭くなるのは仕方がないのですが、1938 年におけるこの長大な曲の録音としては比較的鮮明な方です。第 4 楽章の最後は生への別れというよりも、国家の滅亡、そして戦争に直面しているオーストリアの聴衆、演奏者への別れというイメージであり、困難に立ち向かおうとする雰囲気さえ感じられます。

（2）バーンスタインの演奏

　バーンスタインにとって、マーラーの 9 番は特別な曲だったので、バーンスタインは繰り返し、この曲を演奏しています。しかし、このベルリン・フィルとの演奏は 2 つの点で特別な意味がありました。1 つはベルリン・フィルとの一生に一回の出会いであったこと、もう 1 つはバーンスタインが男性の愛人と一緒に生活している時に妻のフェリシアが肺癌にかかり 1978 年に亡くなったことで、バーンスタインは自責の思いからしばらく再起不能な状態に陥った後、バーンスタインが指揮者として復活したことを象徴する演奏会となったことです。後者については第 13 章で触れるので、前者についてだけ説明をしたいと思います。

　当時ベルリン・フィルの常任終身指揮者であったカラヤンにとって、その自己愛の強さもあり、指揮界でカラヤンと人気を二分していたバーンスタインに定期演奏会を振らせるということは全くあり得ないことでした。この演奏会は、1979 年ベルリン芸術週間において、人権擁護団体「アムネスティ・インターナショナル」がベルリン・フィルを借り受け、演奏会を企画するという形で初めて実現しました。バーンスタインはベルリン・フィルに対して、マーラーを綺麗な音で演奏しすぎるということで、定期演奏会の倍の練習時間が与えられていたのにもかかわらず、毎回練習を延長して、一部の団員の反感をかったことが報告されています。実際、バーンスタインの指揮のわかりにくさもあ

り、終楽章のクライマックスの直前（118 小節目）でffのユニゾンを吹くはずのトロンボーンが全員落ちるという信じられないミスがあります。しかし終楽章の音楽の高み、緊張感は、バーンスタインの他の録音も含めて、他の演奏では絶対に味わえないものです。この曲の核心が何よりも終楽章にあることを考えれば、皆様に必ず聴いて頂きたいCDのNo. 1です。

　ベルリン・フィルがカラヤンの次の常任指揮者を決める投票で、バーンスタインとクライバーの得票が最も高かったと何かで読んだ記憶があります。たった一回の演奏会で、バーンスタインは、ベルリン・フィルの団員にも圧倒的な印象を残したようです。

3. バーンスタインが語るマーラーの９番

　バーンスタインの演奏について言及することが多かったので、カスティリオーネがバーンスタインとの対話をまとめた本『バーンスタイン　音楽を生きる』（西本晃二監訳、松岡映子訳、青土社）から、バーンスタインがマーラーの９番について語っている部分を以下に紹介したいと思います（一部省略しました）。

　　　マーラーの第9の最後のフレーズは、感受性に恵まれた人間が人類に差し出すことのできたもっとも素晴らしい挨拶です。（中略）この楽章は、宗教的な起源の明瞭な、一連の「常套句」で始まります。つまり、私が言いたいのは、この音楽が教会から来ているということです。それは、少しずつ、ゆっくりと高揚していきます。それはまた、不吉な、暗い、ほとんど苛立たしいと言えるような性格を持っています。それは、単に魂の死だけではなく、もっと普遍的でもっとのっぴきならない何か、つまり生命の死を表現しています。それは究極的な死です。交響曲の最終楽章——マーラーの全作品中もっとも魅惑的な楽章——を開始するこの非常に長い一連の「常套句」は４分ばかり続きます。その直後、ひとつの急激な変化が起こります。死に対する全く別の考え方が現れるのです。まるで、マーラーが、情念と苦悩でできた、生と死に対する西洋的な考え方から、逆に、禁欲的な内省思考でできた、東洋的な考え方に移行するかのようです。後の方の世界で、人間は生命の無形化と関わるわけですが、それは、マーラーが楽章の冒頭で私たちを導いて行った世界とは非常に異なっています。恐ろしい空虚感があ

ります。旋律線の間に感じられる空間は広大です。けれども、マーラーにはまだ虚無を受け入れる覚悟はできていません。生命への情熱に満ちた呼びかけが絶えず沸き上がってきます。人間マーラー、ひとりの西洋人の呼びかけです。そしてこの楽章全体が、そのように進行していきます。マーラーは、生命についての二つの考え方の間で、まるでどちらが彼に最も適しているかを探し求めてでもいるかのように、揺れ動くからです…。

　彼は出口を見出すことに成功しませんし、自らの痛ましい感受性を甘んじて受け入れますが、その感受性は、死というものを、東洋的な感受性のように、冷ややかで禁欲的な眼差しで眺めることを彼に許しません。ですから、人間マーラーは、楽章の最後の何小節かに至るまで戦い苦しみます。そこに至って、私たちは、まるで救済を得ようとする最後の試みででもあるかのような、新たな一連の高揚に出会います。それらの高揚も最後は最も強烈ですが、それもまたすぐに尽きてしまいます。マーラーは出口を見出せず、諦めに屈し、数小節の至純な音楽で私たちを麻痺させようと試みます。最後に、世界は彼の手の中に滑り込んで来るかのようであり、彼は言わば死を心穏やかに受け入れるに至るように思われますが…。

　まさに彼は自らを放棄します。もはや諦めの入り込む余地も、生命へのいかなるノスタルジックな執着も入り込む余地もない。死は、そのように、忌々しいほどゆっくりと、連綿と続く休符に区切られて、やって来るわけですが、それら休符の後では、毎回、生命が永遠に逃げ去って行く前にもう一度それを引き止めてみようという試みが繰り返されます。そのように、マーラーは、非常に簡素で素晴らしい方法で、つまり休符を介して、引きずられていくのです。一連の試みの最後は、実際、クモの巣状にふさがっていき、生命は完全に消えてしまいます。そして、まさにマーラーは、全生涯を戦い抜いた後、自分がつねに戦ったものの前で自分自身の無力さを受け入れる他なく、諦めを抱いて死に向かっていく人間なのです。

4.　おわりに

　バーンスタインの上記の見解について、特に最後の方については、マーラーの当時の言葉や、マーラーが1909年、1910年に、ニューヨークやヨーロッパ各地で精力的な指揮活動をしていたこと、交響曲第8番の初演や交響曲第9、10番の作曲などを行っていたことを考えると、異論もあるでしょう。しかし、マーラーの9番は、生と死の問題、宗教性の問題などを正面から取り上げてい

るのは明らかであり、この傑作は演奏者に技術上の難しさを乗り越える鍛錬だけでなく、精神力、忍耐力、生きる真摯さなど、さまざまなものを要求しているように思われます。

Ⅱ　交響曲第9番の成立過程とその意味するところ

1．はじめに

　マーラーは生涯を通して、自らの作品の中で、生の意味とその苦悩、死の問題、そして永遠性、超越性を追究してきましたが、その頂点に存在する作品としてマーラー自身が位置づけたのは、交響曲第8番でした。第8番の作曲後、マーラーは愛する長女の死を受容し、自身の病気に向き合い、交響曲「大地の歌」を 1907 年から 1909 年にかけて作曲しました。「大地の歌」では最後に、「愛する大地は春になれば、いたるところに花咲き、新緑が萌える！　永遠に！」と歌われ、そこに死や告別への救い、慰めが見いだせます。しかしこの交響曲第9番は、少なくとも「大地の歌」にみられるような救いはありません。

　マーラー自身、後述するように交響曲第9番の第1・4楽章に「さようなら！」などの書き込みを何か所かしています。マーラーは、ersterbend（死に絶えるように消え去ること）という表示をしばしば用いましたが、第9番の第4楽章はまさしく、弦楽器だけ残り、最後は第2ヴァイオリン、ヴィオラ、チェロだけでまさしく ersterbend という表示のごとく終わります。このように交響曲第9番では告別という重要な主題が明らかに存在し、実際初演の時から、告別、死という主題との関連で論じられてきました。先にご紹介したバーンスタインの見解も含めて、マーラーが自分の死を受け入れて、あるいは人生に諦念をもって作曲したとする説も多くあります。しかし、作曲当時のマーラーの回復した健康状態、活発な演奏活動、作曲への没頭、そしてマーラー自身の手紙などを考えると、少なくとも自らの死を受容するかのように作曲したとする説には疑問を感じずにはおれません。そこで、この曲の成立過程を述べ

て、筆者自身の交響曲第9番の意味するところへの考えを書かせていただきたいと思います。

2.　交響曲第9番の成立過程 ── 1908年以降のマーラー ──

　マーラーは経済的に安定した1890年代の後半から、夏の休暇中に別荘の近くに作った作曲小屋で作曲活動に専念するという生活を続けていた。そして1900年以来の休暇地となったマイエルニッヒで、交響曲第8番をはじめ多くの作品を作曲した。しかし1907年7月に深く愛していた長女マリア・アンナが4歳8か月で亡くなった後は、マイエルニッヒにはマリア・アンナの思い出が多いため、南チロルのドロミテ山脈中にあるトープラッハが新たな休暇地に選ばれた。マーラーは、ウィーン宮廷歌劇場監督の辞任、長女の死、自身の心臓病の宣告という悲劇に襲われた1907年夏には、さすがに作曲に没頭することが困難な状況であったが、その中で、1907年の7月に出版されたばかりのベートゲの「中国の笛」に基づき、交響曲「大地の歌」の作曲を始めた。1908年夏には「大地の歌」がほとんど作曲され、1909年の10月に完成した。

　また交響曲第7番の初演が1908年の9月にプラハでされている。この第7番の初演の準備には、マーラーの弟子でもあったヴァルターやクレンペラーも駆けつけ、マーラーの健康状態、精神状態がよくなった。1908年から1909年にかけての冬の演奏会シーズンは、健康状態も最高であったと妻アルマは記録している。交響曲第9番は1909年の6月にトープラッハで作曲が開始された。1909年の夏、アルマの方はうつ状態で、北イタリアのレヴィコで療養したのに対し、マーラーは元気に作曲に打ち込んでいたことをアルマは書いている。1909年の8月に、トープラッハから友人のヴァルター宛に以下のような手紙を書いた。

　　　仕事に忙しく勤しみ、新しい交響曲の最後の仕上げをしているところでした。（中略）作品そのものは私の慎ましい家族を大変有意義に豊かにしてくれるものです。久しい以前から口にのぼせようと思って果たさずにいたことが、ここに語られています。（中略）総譜は、狂気にとりつかれたかのように急いで大わらわに、殴り書きに書き散らかしましたから、他人の目にはまったく解読不可能かも

しれません。という次第ですからこの冬にはそれをきれいに浄書する暇が恵まれることを願い憧れております。

　ここにおける交響曲第9番についての言及は、この曲がマーラーの最高傑作と普遍的に認識されている現在において、極めて控えめなものである。マーラーが「久しい以前から口にのぼせようと思って果たさずにいたことが、ここに語られています」と語ったことの意味するところは何であろうか。

　1909年は例年より早く10月にニューヨークに到着した。メトロポリタン歌劇場の監督がマーラーを招聘したコンリートからガッティ＝カサァツァに代わり、トスカニーニが重用され始めたことなどから、1909年秋からのシーズンは、ニューヨーク・フィルハーモニック交響楽団を指揮することが主な仕事となったため、ニューヨークでも午前中に交響曲第9番の総譜の清書をするなどの作業が可能となった。1910年の4月に総譜が完成された。なおニューヨーク・フィルとは1909年3月31日から、発熱している中で最後の公演となってしまった1911年2月21日まで2年間（夏のシーズンは指揮をしていないので実質的に1年間）で約100回も演奏会を指揮している。

　交響曲第9番の作曲開始時期については、通説となっている1909年6月より早く、1908年の夏に作曲に取りかかられたとするフローロスによる説もある。「大地の歌」と交響曲第9番の意味する内容だけではなく、動機上の近縁性を考えると、その可能性はあるように思われる。アルマも、1908年の夏中、憑かれたように、「大地の歌」の制作に専念したこと以外に、交響曲第9番のスケッチにも関わっていたことを記している。ただ1909年に交響曲第9番が集中的に作曲されたのは間違いが無く、1909年にはマーラーの健康状態は前述のように回復していた。

　マーラーが発熱の徴候をしめし、体調が時々悪化するようになったのは、1910年9月における交響曲第8番の初演の頃からであった。1910年7月末にアルマが建築家グロピウスと愛し合っているのを知った後のショックが、マーラーの免疫力を落としたことは十分に考えられるだろう。苦悩の中で交響曲第10番の作曲をすすめたが、1910年9月にウィーン南西のゼメリングに土地

を買う契約をし、最後の演奏会後の 1911 年 3 月 8 日に来期の契約をしたことからもわかるように、ニューヨークで多忙な生活を送り、未来への希望は持っていた。だが 1911 年 4 月には望みがないことを知ったマーラーは、重病の中ウィーンに戻り、1911 年 5 月 18 日に亡くなった。

　マーラーの死後、アルマは交響曲第 9 番の出版のため、総譜の点検をヴァルターに委ねた。マーラーは自分で交響曲第 8 番まではすべて自ら初演し、演奏のたびにスコアに手を加えていったが、交響曲第 9 番ではそのような作業はできなかった。明らかに不自然な弦楽器のボーイングが多いのも、そのためかもしれない。ヴァルターは、マーラー没後、約 1 年たった 1912 年 6 月 26 日にウィーンで初演をした。

3.　告別や死という主題について

　冒頭に述べたように、マーラーは終生、人間存在の意味を問い続け、神や超越性、永遠性を求め続けた。そのため初期の作品から、死、葬送や復活は、自然や愛とともに主要な主題となっていた。しかし、愛する娘の死、自身の心臓病の宣告を受けた後に作曲された「大地の歌」と交響曲第 9 番、第 10 番においては、死や愛する世界への告別という主題の持つ緊迫性は、次元がまったく異なっている。そのためかマーラーの後期の交響曲は、いずれも傑作となっている。

　マーラーは交響曲第 9 番について、これまでの曲と比べてほとんど自分の言葉では語っていない。また、マーラーの死に対する思念は、晩年に微妙に変化してきている。マーラーがその思いを一番率直に語ったのは、弟子でもあり、親友でもあった指揮者のヴァルターであった。1908 年 7 月（当時マーラーは「大地の歌」を仕上げていた）には、次のように書いている（以下、須永の訳による）。

　　想像しておられるような死に対するヒポコンドリー的な畏怖などでは、よもやありませんでした。自分が死ななければならないことなど、最初からわかっていることでしたから。（中略）私はただの一瞬にしてこれまで戦い獲ってきたあら

ゆる明察と平静とを失ってしまったのです。そして私は無に直面して立ち、人生の終わりになっていまからふたたび初心者として歩行や起立を学ばなければならなくなったのです。

1909 年初めには、また以下のように書いており、その内容からマーラーの心理状態の変化が推測される。この手紙の抜粋はやや長いが、マーラー晩年の比類のない内的活発さ（ヴァルターの言葉）を表しており、交響曲第 9 番の持つ意味を考える上で非常に重要と思われるので、引用したい。

　　このとてつもない危機的状況をなんと言い表したらいいか？　一切がかくも新しい光の中にみえてきて —— 私はかくも活動のさなかにあるから、突如新たな肉体を得たと気づいてもなんら不思議に思わないかもしれません（さながら最終場面でのファウストのように）。今までになく生きることに飢え、「この世に生きているという当たり前のこと」が、かつてなく甘美なものに思われてきます。（中略）
　　かくも血まみれの人生の渦の中に潜らされているとは、何というナンセンスでしょう！　たとえほんのひと時とはいえ、自分自身や、自分より高いものへの忠実さを失うなどということは！　とはいえ、こう書き記すことができるだけで ——
—— というのも次の機会には、たとえばつまり、今私の部屋から外へ出たならば、きっとまたぞろ他の誰彼とも同じく、ナンセンスに陥ってしまうことでしょう。いったい我々の心の中では何が考えているのか？　何が行っているのか？
　　妙です！　音楽を聴いていると —— 指揮をしている最中でも —— しばしば私のこの問いかけに対する返答が聞こえてくるのです —— すると、何から何まではっきりと確実にわかってくるのです。あるいはそもそも、それがなんら問題とするに当たらないものであることが、はっきりと感得されるのです。

このような手紙から推測できることとしては、1907 年の打撃から、1 年、2 年と経過する中で、マーラーが新たに活力を回復し、死と別れの問題についても、客観的に冷静にみつめて、昇華してきているという事実ではないだろうか。マーラーが自身の死を覚悟して、この世への別れとして交響曲第 9 番を作曲したと、多くの評論家、音楽家が述べてきたが、少なくとも、マーラーの当時の活動状況、健康状態から大きな疑問が残るだろう。

しかしながら、第 1 楽章の草稿には、「おお、若き日々よ！　もう失われてし

まった！ おお愛よ！ 消え去ってしまった！」「さようなら！ さようなら！」、また第4楽章には「おお美よ！ 愛よ！ さようなら！ さようなら！」「世界よ！ さようなら！」という書き込みがみられる。この書き込みをマーラーがいつしたかは定かではない。しかしその書き込みの主人公はマーラーである。「大地の歌」の第6楽章「告別」でアルトが「永遠に！」と歌い続ける時、我々は救いを感じるが、第9番の最後はそれを越えた世界で、死と同時に永遠を志向しているように思われる。

　つまりマーラーは、実際に自身の生に別れを告げているのではなく、死と告別という問題を通して、永遠を見つめようとしているのではないだろうか。マーラーの交響曲第2番や第8番の最後において、超越性を私たちは体験することができるが、交響曲第9番の特に第4楽章は、復活ではなく死との直視という全く別の方向性でありながら、永遠性、超越性という世界に入り込むことが可能なことを示しているのである。

Ⅲ　マーラー交響曲第9番の分析

1. はじめに

　マーラーの交響曲第9番については、マーラーの最高傑作として多くの研究者たちがこれまで論じてきました。今回は、日本語で訳された最も詳しいマーラーの交響曲の解説書であるコンスタンティン・フローロス著の『マーラー交響曲のすべて』、及びドゥ・ラ・グランジュによる世界で最も詳しいマーラーの伝記における交響曲第9番の記載を基にして、私見を交えて解説したいと思います。特にドゥ・ラ・グランジュによる『グスタフ・マーラー』は英語版（原語はフランス語であるが英訳されている）で第2巻が892ページ、第3巻が1,000ページ、そして1907年の途中から亡くなるまでを書いた第4巻が1,758ページ（第1巻は筆者も持っていません）という大変な力作で、グランジュ以上のマーラーに関する研究者は存在しないのではないでしょうか。残念ながらこの本は日本語には翻訳されておらず、グランジュの講演録だけが日本語に

翻訳されています。この『グスタフ・マーラー　失われた無限を求めて』（船田隆・井上さつき訳、草思社）も大変興味深い本で、筆者はこの本を読んでから、病跡学の論文を書き始めるようになりました。譜例については、譜例1から11まではグランジュの著書から引用し、譜例12、13はフローロスによるものから引用しました。

2. 曲全体の構成と調性

　交響曲第9番は通常の4楽章構成となっているが、伝統的な交響曲の配置とは全く異なっている、第1楽章がアンダンテ、第2楽章がレントラー（3種類の異なったテンポによる）、第3楽章がアレグロのテンポによるロンド、第4楽章がアダージョとなっている。このようにアンダンテで曲を始めて、アダージョ（最後はアダージッシモ）で曲を終えるというように両端に遅い楽章を配置し、それが演奏時間の約7割（1時間近く）を占めるいうのは極めて稀である。ただマーラーはアレグロに比較して、アダージョこそより高められた形式と考えていたので、マーラーにおける曲の終わらせ方としてはゆっくりとしたテンポで終わること自体は珍しくない。両端の大きな遅い楽章が真ん中の速く比較的短い楽章を囲むという構造は、まずはマーラーが交響曲第9番を通して語りたかったそのメッセージと関連していると考えられる。

　調性の配置については、曲は明らかなニ長調で始まる。ニ長調は、マーラーの交響曲第1番の調性であり、交響曲第3番はベートーヴェンの第9と同じようにニ短調で始まりニ長調で終わる。また第5番もニ長調で終わる。このようにニ長調はマーラーが好んで使用した輝かしい調性である。交響曲第9番で特徴的なのはその後の調性であり、第2楽章ハ長調、第3楽章イ短調までは普通として、第4楽章が半音下がって変ニ長調となって終わる。♯が2つのニ長調からすると、♭が5つの変ニ長調は、古典音楽の規範からいくと全く関係の乏しい遠隔の調性となる。第3楽章からの経過で説明すると、第3楽章はイ短調で、イ短調は交響曲第6番の第1・4楽章、及びスケルツォ楽章の調性、「大地の歌」の第1楽章、交響曲第5番の第2楽章などの調性であることからもわかるように、最も悲劇的な調性である。それが中間部で天上の調性であるニ長

調に一時変わったあと、再び、イ短調に戻り、イ短調の圧倒的な主和音で曲を終える。そして第4楽章は半音下の変イの音のヴァイオリンによるオクターヴの上昇音程で曲を開始し、その音を属音として変ニ長調で主題を始めて、同じ調の澄み切った響きで曲を終えている。パウル・ベッカーは「ニ長調という生の充実感にあふれた調から変ニ長調という荘厳さに満ちた調へ降りていく」と述べていた。この半音下がるという現象が、曲のもつ諦念のような雰囲気にも関係してくる。しかしこの調性の構成は、マーラーの個人的な危機としてだけではなく、この時代に一般的にみられた美的な現象ともとらえるべきとグランジュは指摘している。

3. 各楽章の分析

（1）第1楽章

　全体の構成としては、ソナタ形式、変奏形式、ロンド形式など、いろいろな見方があるが、やはりソナタ形式と考えるのが妥当と思われる。以下のような構成となる（数字は小節数）。

提示部　1〜107

　導入部　1〜6(個々で主要な動機が示される。すなわち冒頭2小節のチェロと4番ホルンによるリズム動機、ハープによる動機、2番ホルンによる動機）（譜例1）

　第1主題の提示　7〜28（ニ長調を基本とする）（第1主題は譜例2）

　第2主題の提示　29〜46（ニ短調を基本とする）（第2主題は譜例3、譜例4の主要動機もここではじめて出現する）

　　第1主題の再提示　47〜79

　　第2主題の再提示　80〜107

展開部　108〜346

　第1展開部　108〜210

　第2展開部　211〜346

再現部　347〜405

コーダ　406〜454

　提示部は同じように繰り返されることは全くなく、小節数も次第に増えて
いく。そこにおいては、マーラーの変奏技法 Varianten-technik（同じ旋律を
2度とそのまま繰り返すことなく、常に変形して出現させる技法）の極度に精
緻な表現がある。主題についても、同じ形で現れることは全くなく、第2主題
に至っては、第2展開部の冒頭に Leidenschaftlich（情熱的という意味だが、
マーラーでは苦悩をこめた意味が加わる）で3回目に現れる時に最も主題らし
くきこえる形となっている。

　上記の小節数からもわかるように展開部が巨大で、第2展開部でマーラー
は明らかなクライマックスを作っている。それは308小節で第一楽章全曲の
ちょうど2/3を経過したところである。この5連音符のターンのような音型は、
第3楽章、そして第4楽章でも重要な役割を果たし、各楽章間の動機の統一性
が比較的乏しいと言われてきた交響曲第9番において、明らかに統一感をもた
らす効果がある。その後の旋律は譜例4から派生したもので、いわば「生への
願い」を象徴するものであるが、それが急転直下トロンボーンとチューバによ
るカタストロフ「死の宣告」（冒頭のリズム動機による）によって打ち砕かれ
る。

　このクライマックスとその後の「死の宣告」のような絶望的表現について
は、ベルクの以下の（将来の）妻宛の手紙がその核心をとらえているので、そ
の前半を紹介したい。

　　もう一度、僕はマーラーの第9交響曲を通して弾きました。この第1楽章はマー
　ラーが書いた最もすばらしいものです。それは、この大地へのかつてなかったよ
　うな愛情の表現であり、その大地の上で平和に生き、死が訪れるまえに、自然を
　その最も深いところまで楽しみたいという切実な願いです。というのも、死はど
　うしようもなくやって来てしまうものですから。この楽章全体の基調になってい
　るものは死の予感です。それは何度も何度も現れてきます。すべての地上的な魅
　惑が頂点に達します。そのために、いつも極めて優しげなパッセージの後に、わ
　れわれは登りつめての爆発を経験することになるのです。深く、苦痛に満ちた生
　の喜びの中に、この上ない力に満ち溢れて死が自らの到来を告げる、震え上がる
　ような瞬間に、この爆発は最も強烈におこります。そこから、身の毛もよだつ

ようなヴィオラとヴァイオリンのソロがあり、そして、そこに騎士的な響き、つまり、甲冑に身をかためた『死』が現れるのです。彼に抵抗する手立ては何もありません。このあとに来るものは諦念のようなものしかないと僕には思われます（前島の訳による）。

　実際にこの楽章には、生の輝き、病、愛、闘い、飛翔、苦悩、絶望、勇気、死の宣告、浄化された天空などの言葉で表現しても違和感のないような表現豊かな音楽が続いている。ただ、それはシェーンベルクが語っているように、「一人称的音調ではない」形ではないだろうか。少なくとも、第4楽章におけるような、より主観的な表現を前にすると、第1楽章は霊感にあふれていながら、その背後には客観性が明らかに存在しているよう思われる。

　特に Misterioso と書かれた 376 小節からのカデンツァのようなコーダへの移行部は、自然を越えて宇宙空間を感じさせるような線的ポリフォニーの驚くべき箇所である。マーラーがベルクやシェーンベルクの世界に近づいているという面もあるように思われる。

　シェーンベルクによる下記の記録について、最後の方の「ほとんど情熱というものを欠いた証言」のあたりは疑問があるが、興味深いので引用したい。

　　彼の《第9交響曲》はきわめて異例です。そこでは作曲家はほとんどもはや発言の主体ではありません。まるでこの作品にはもう一人の隠れた作曲者がいて、マーラーを単にメガフォンとして使っているとしか思えないほどです。この作品を支えているのは、もはや1人称的音調ではありません。この作品がもたらすものは、動物的なぬくもりを断念することができ、精神的な冷気の中で快感をおぼえるような人間のもとにしかみられない美についての、いわば客観的な、ほとんど情熱というものを欠いた証言です。……《第9交響曲》は一つの限界であるように思われます。そこを越えようとする者は、死ぬほかはないのです（酒井健一訳）。

（2）第２楽章

　第２楽章は、マーラーが３種類のテンポ、すなわち落ち着いたレントラー（Tempo Ⅰ）、ワルツ（Tempo Ⅱ）、大変ゆっくりしたレントラー（Tempo Ⅲ）を指定しており、そのテンポに応じて以下のように構成を考えるのが妥当と考える。

　Tempo Ⅰ（１回目）ハ長調が基調　１〜89（譜例5）

　Tempo Ⅱ（１回目）ホ長調〜変ホ長調　90〜217（譜例6）

　Tempo Ⅲ（１回目）ヘ長調　218〜260（譜例7、この主題は第１楽章第１主題との関係を暗示している）

　Tempo Ⅱ（２回目）ニ長調　261〜332

　Tempo Ⅲ（２回目）ヘ長調　333〜368

　Tempo Ⅰ（２回目）ハ長調　369〜422（この部分は聴いていると再現部の

様でもある）

Tempo Ⅱ（3 回目）変ホ長調　423 〜 522

Tempo Ⅰ（3 回目）ハ長調〜ハ短調　523 〜 621

この楽章についても、死の舞踏（アドルノによる）など、死と結びつけて論じられることが多いが、フローロスが述べているように、マーラーにとって舞曲形式の曲の総括とみなすのが妥当ではないだろうか。死、告別という主題が色濃い第 1、3、4 楽章の中で、マーラーはこの第 2 楽章であえて俗っぽい旋律をしばしば使用している。様々な舞踏の音楽が交錯する中で、気分も転々と変わり、最後はハ短調とハ長調の雰囲気が交錯した中で、「舞踏会は終わった」（ヴァルター）という気分となって終わる。

マーラーはウィーンを 1907 年に離れてからウィーンに対する郷愁や愛着が増し、知人には手紙で 1908 年に「残念ながら小生、根っからのウィーン子であることを抜けられません」と書いていたが、レントラーとワルツというオーストリアの 2 種類の舞曲を書くことにより、オーストリアの舞踏への別れを告げているのかもしれない。

（3）第 3 楽章

第 3 楽章にマーラーは、ロンド・ブルレスケという表記を最終的に用いた。ブルレスケの語源としては、イタリア語の burla（冗談、いたずらという意味）から来ており、古くは、J. S. バッハのパルティータ第 3 番第 5 曲「ブル

レスカ」、少し前ではシューマンの「アルバムブレッター」第12曲「ブルラ」、同時代では R. シュトラウスの管弦楽曲「ブルレスケ」などがある。ドイツ語 Burleske は、茶番劇という意味である。この表記からも、Sehr Trotzig（きわめて反抗的に）という表示からも第3楽章が持つ悲劇性が象徴されている。

マーラーは、この第3楽章を「アポロにおけるわが兄弟たちに捧ぐ」とも書いている。アポロとは、ギリシャ神話の神で、美しく男性的で、太陽と同一視された音楽や光明などの神である。主題・動機の徹底的な操作、フーガなどの対位法が完璧なまでに使用された様式に、マーラーが自信を持ってこのように書いたというグランジュの説が妥当のように思われる。

形式的には、明らかなロンド形式（間に挿入部をはさんで主題が何度も現れる器楽形式）となっている（以下の数字は小節番号で、フガートはフーガふうのパッセージのこと）。

Refrain 1（第1部）　1 ～ 108（79 ～ 108 はフガートⅠ）

譜例8の2つの主題を中心に常に3部以上の声部が線的なポリフォニーで激しく扱われている。

Episode 1（第2部）　109 ～ 179

レハールの「メリー・ウィドウ」の旋律のコラージュと言われているが、Episode 1 は、軽妙な雰囲気であり、音楽が和声的（比較的ホモフォニック）に処理される傾向によっても第1部（Refrain）との対比がなされている。

Refrain 2（第1部）　180 ～ 261（209 ～ 261 はフガートⅡ）

シンバルの一撃とともに変イ短調と半音下がった調性で戦闘的音楽が蘇る。フガートⅡでクラリネットやファゴットにまず現れる対旋律は、フガートⅢの旋律の最初の音を欠いたものであり、フガートⅢを準備する性格を持っている。変イ短調（7つの♭）という不安定な調性は長続きせず、すぐに悲劇的なイ短調に戻る。

Episode 2（第2部）　262 ～ 310

Episode1 と同じように和声的になっているが、Episode 1 より諧謔、皮肉という要素が多く、第1部（Refrain）の雰囲気にすぐ戻り、フガートⅢの主題が予告される。

Refrain 3（第1部、フガートⅢ）　311〜346

この Refrain3 の冒頭でホルンで奏される主題は、第4楽章の第1主題（譜例10の第4小節）に引き継がれる。その直後のヴァイオリンに現れるターン音型の主題は、続く第3部（Episode 3）の主要主題（譜例9）であり、第4楽章全体を支配する動機（譜例10の第1小節）の先駆けとなっている。

Episode 3（第3部）　347〜521

「大きな感動をもって」と途中から表示されているこの第3部は、演奏時間では楽章全体の1/3を占めており、雰囲気も対照的で、安らぎ、歌、切望にあふれた、いわば彼岸をみつめた音楽である。作曲技法上でのホモフォニックな扱いが中心となっている。しかし後半は、「ティル・オイレンシュピーゲルの愉快ないたずら」を思い起こさせるような、クラリネットの悪魔的な甲高い叫び（ターン音型からなる）などによって遮られて、再び闘争的な雰囲気に戻っていく。

Refrain 4（第1部）　522〜616

突然テンポが速くなり、第1部に戻る。同じ主題が使われながら、音楽はますます複雑に激しくなっていく。

コーダ　617〜667

Piu stretto そして Presto とテンポはあがり、凄まじい狂乱の中で悲劇的に曲が終わる。完璧な作曲技法で絶望的な闘いを描いたような音楽であるが、そこにおける中心的テーマは、やはり死の不可避性だろう。

（4）第４楽章

　この比類のない終楽章アダージョには、いくつか特徴がある。第１の特徴
として、表現の強いコントラストがある。曲は下記のような４部とコーダから
なっているが、第１部から第４部の各部分において、それぞれ前半と後半が全
く対照的な曲想となっている。フォルティッシモとピアニッシモの対比も劇的
に提示される。第２に、管弦楽法上は弦楽器を中心に曲が進行していく。そし
て永遠への志向性を最も明確にしめしている２か所のクライマックス、すなわ
ち72小節及び118小節から130小節においても、マーラーは第１、３楽章に
おけるクライマックスのように全楽器を使用することはない。

　第４部後半の曲想は、そのままコーダ（Adagissiomo）に引き継がれ、ま
さに安らかに死ぬように（ersterbend）終わる。音楽と、音楽を越えた世界
を象徴する沈黙の交錯するようなこの曲の終わり方こそ、第３の、そして最大
の特徴とも言えるだろう。

　構成としては、４部からなり、ソナタ形式と考えることも変奏曲形式と考え
ることも可能な自由な形となっている。

　第１部　１〜48（提示部として把握することも可能である）

　１〜２　開始部

　３〜27　第１主題の提示（変ニ長調が主）

　28〜48　第２主題の提示（嬰ハ短調が主）

　第２部　49〜87（再提示部として位置づけできる。なお、フローロスやラ・
グランジュは107小節までを第２部としている）

　49〜72　第１主題の再提示（変ニ長調で第１主題が新しい形で提示される）

　73〜87　第３楽章の Episode 3 からの変奏

　第３部　88〜125（展開部として位置づけ可能）

　88〜107　第２主題の展開

　107〜125　第１主題の展開（クライマックスへの移行部、コーダの「亡き
子をしのぶ歌」からの引用動機も何度も現れる）

　第４部　126〜158（再現部）

　126〜147　第１主題の再現（第１主題の新しい形）

148 〜 158　解決の部分（コーダへの移行部）

コーダ　159 〜 185　アダージッシモ

（164 〜 170 は「亡き子をしのぶ歌」の第4曲からの引用）

　冒頭2小節の前奏、そして3小節からの第1主題（譜例10）には、多くの要素が詰め込まれている。序奏の1小節には第3楽章のターン音型がある。この音型は第1楽章のクライマックスで最初にはっきり形を表したものであるが、第4楽章にはこの5音そろったターン音型だけでも全部で少なくとも80回以上出現し、この楽章の秘める不安定さ、深い感情の揺れ動きを象徴し、全曲に統一性を与える役目も担っている。この音型は、「大地の歌」の第6楽章「告別」で頻繁に登場し、両楽章の精神的な親近さも象徴している。

　第1主題は最初の小節で告別を象徴するテーマ（「大地の歌」の最後のテーマでもあり、第1楽章の第1主題でもある）から始まり、次の小節で第3楽章のフガートⅢの主題へと続く。すなわち、この第1主題は最初から、告別、闘いなどを含んだ性格を持っている。第1部の第1主題提示は、リート形式のようにもなっているが、全体として教会のコラール風である。それが突然、第2主題、虚無のような世界に突入する（譜例11）。第1ヴァイオリンの高音と、低弦、コントラ・ファゴットの低音で、中声部のないまま嬰ハ短調で表情を抑えて（ohne Empfindung ）演奏されると、その表現の極端さが聴き手に絶望的な気分、虚空の雰囲気を与える。次第に espress. あるいは molto espress. の表示のついたソロ楽器が現れて、第2部で冒頭の雰囲気に戻る。

　第2部でマーラーが意図的に使用しているのは、上昇の6度音程である。上昇の6度音程は、完全5度という安定した音程を1音あがるという特徴もあり、憧れを象徴するところでしばしば使用されるが、64小節の第1主題の変奏もその一種である。1拍ごとに音型が6度ずつ上昇していく72小節のクライマックスは、永遠への志向性を強烈に表現しているように思われる。

　第3部のはじめは、「大地の歌」の雰囲気を漂わせているが、この自然の寂寥を感じさせる部分は、107小節で突然荒々しく中断し（heftig ausbrechend）、最大のクライマックスに向かう。第1楽章冒頭のリズム動機

が拡大されてヴァイオリンに提示された後、ホルン、チェロなどで終楽章冒頭のターン音型（第1楽章のクライマックスにも現れ、第3楽章で非常に重要な役割を果たす）となった第1主題が再現される第4部の126小節以降では、音楽はクレッシェンド、ディミヌエンドを繰り返すが、143小節を最後のクライマックスとした後は、音楽は静寂へ、無に向かっていく。

　164小節以降の「亡き子をしのぶ歌」の第4曲から明らかに引用されている部分（譜例13）について、歌曲では「太陽の光の中で！　あの高いところでは天気はすばらしい！」という歌詞になっている（譜例12）（この第4曲の歌詞の大要は、子どもを失った父親が、子どもはただ外出しているだけであると自らに言い聞かせて慰めようとする歌詞である）。この詩句をここに含ませたというモニカ・ティベの意見と、「第9交響曲のエーテル的な終結によって、マーラーは死の後にも生が続いていくことへの信念を表明した」というフローロスの意見は、納得できるものがある。この部分の後は、ターン音型も一度回想されるだけで、音楽はひたすら永遠、祈り、沈黙の交錯したような世界に向かって「死に絶えるように ersterbend」終わる。

　交響曲第9番でマーラーが一番言いたかったことは、この第4楽章に最も集約されているように思われる。そしてそれは、マーラーの中で、愛の永遠性、超越性を歌った第8番や、愛する娘の死を受容した「大地の歌」と、決して矛盾する内容ではなかったと思う。特にコーダ（アダージッシモ）の宇宙の中に消えていくような世界は、死を体験した上であっても、死を超越しての永遠への志向が可能なことを私たちに示しているように思われる。

4. おわりに

　第1楽章はこれまで極めて多くの音楽家、研究者の注目を集めた楽章であり、音楽史上最高級の傑作です。演奏上でも第1楽章はアンサンブルも極めて難しく、最も練習を要する楽章ですが、演奏者、聴衆の心を揺さぶる感動的な瞬間にあふれています。マーラーについての日本語によるすぐれた伝記を書いている村井翔も、「この第1楽章こそは、マーラーほどの大作曲家ですら生涯に一度限りしか恵まれえない奇跡的な霊感の産物だったのだろう。西洋音楽史全体を見渡しても、これほどの高みに達した音楽を、少なくとも私は知らない」と書いています。これに対して、第2楽章は演奏のレベルにより印象が変わってしまう危険性も大きいのです。第3楽章と第4楽章は、以上のように内容的に関連性が深く、かつ対照的な内容となっています。第4楽章をテーゼとすると、第3楽章はアンチ・テーゼとなりますが、複雑極まりない第3楽章の後だからこそ、第4楽章の感動がより深いものになっていると思われます。従って可能ならば、この両楽章はアタッカで演奏することが望ましいのではないでしょうか。

　第9章の「はじめに」で、第30回定期演奏会でのマーラーの交響曲第9番の演奏日時について触れましたが、伊勢管弦楽団にとって歴史的なイベントとなったのは、名古屋マーラー音楽祭において、愛知県芸術劇場コンサートホールで交響曲第9番を演奏できたことでした。名古屋マーラー音楽祭とは、マーラー生誕150年の2010年に正式に企画されて、マーラー没後100年である2011年から翌2012年にかけて名古屋でマーラーの全交響曲を異なるアマチュア・オーケストラで演奏しようという音楽祭でした。

　2011年に、演奏に準備が大変な第8番（2012年に演奏）を除く全交響曲が、作曲された順に毎月演奏されましたが、愛知県を活動の場とする9つのオーケストラではなく、愛知県外で唯一参加したオーケストラである伊勢管弦楽団が最高傑作のこの第9番を演奏させていただきました。その背景としては伊勢管弦楽団のマーラー演奏に、この上もなく共感してくださる高橋広さんの存在が極めて大きかったのですが、伊勢管弦楽団の内部では、コンサートマスターとして団を適切に指導してくださり、音楽祭の事前の協議にもすべて参加していただいた上村宰史さんの存在が誰よりも大きかったと思います。

　コンサートマスターは、指揮者にとって、オーケストラと指揮者の対話を深めて音楽的感動を共有させてくれる存在として、その存在の重さははかり知れないほどですが、上村宰史さんという稀有なコンサートマスターと出会えて、30数年一緒に演奏できた幸せと感謝を第9章の最後に書かせていただきました。

第 **10** 章

チェコの作曲家とチャイコフスキーの交響曲第5番

I　チェコの歴史と音楽

1.　はじめに

　チェコを代表する3人の大作曲家、スメタナ、ドヴォルジャークとヤナー
チェクは、ともにチェコで生まれ、3人ともチェコの歴史と風土の上にそれぞ
れ独自の音楽を作りあげました。またマーラーは、15歳の時に音楽の勉強の
ためにウィーンに行くまで、チェコで生活しており、ユダヤ人としての強い異
邦人意識がありましたが、一つのアイデンティティとして、チェコ出身という
思いがあったでしょう。プラハを旅行すると、荘厳なプラハ城やヴルタヴァ川
にかかる立派な橋をみると、チェコの歴史の重みを垣間見ることができます。

　スメタナ、ドヴォルジャーク、マーラーが活躍した19世紀後半のチェコは、
オーストリア＝ハンガリー帝国のオーストリア側の一地方でした。チェコでは
何かにつけドイツの影響が大きく、また1921年のデータで、チェコスロバキ
アに住んでいる人々の23%は、ドイツ人でした。このようにチェコは、独自
の文化を形成しつつもドイツの大きな影響下にあったと言えます。特に19世
紀におけるチェコの音楽を語る時は、チェコ人としての民族意識の高まりにつ
いて知る必要があります。そこで、チェコの歴史や風土などについても触れな
がら、それぞれの曲に本質に迫っていきたいと思います。

2. チェコの歴史と風土

　チェコは西スラブ人が在住し、チェコ語はポーランド語などスラブ系言語に近いが、10世紀以降神聖ローマ帝国に属し、ドイツとの結びつきが強かった。

　チェコは地理的にゲルマンとスラブの接点に位置している。スメタナやドヴォルジャークが活躍した19世紀後半においては、プラハはオーストリア＝ハンガリー帝国の首都ウィーンと新たに統一されたドイツ帝国の首都ベルリンの中間点に位置していた。地理的にもゲルマンとスラブの接点に位置し、1867年まではオーストリア帝国、1867年以降はオーストリア＝ハンガリー帝国の支配下にあった。1848年のパリ2月革命により、欧州全土に革命の風潮が拡がり、ブタペスト革命ではハンガリーが独立を宣言したが、プラハ革命は鎮圧された。1867年のプロシアとオーストリアの戦いでオーストリアは大敗し、その結果オーストリアはハンガリーと手を結び、帝国を維持しようとした。チェコは当時、自治の認められていないオーストリア＝ハンガリー帝国の一領土であった。1882年まではチェコ語も公用語として認められていなかった。チェコにはスメタナのようにチェコ語よりもドイツ語を先に修得するチェコ人が多くいた。また20世紀において約70年間、一つの国であったチェコスロヴァキアは、東はウクライナと国境を接していた。

　チェコの歴史上、重要な出来事としては、以下があげられるだろう。

1346年〜1378年　神聖ローマ帝国のカレル四世の統治（カレル四世はボヘミア国王でもあり、当時はオーストリアに統治される前のチェコの最盛期であった。プラハ大学も創設されプラハ城も現在の姿になった）。

1415年　フスの死（フスはプラハ大学長で教会の改革を唱え、コンスタンツの宗教会議の結果、火刑に処せられたが、チェコの民族的英雄として尊崇されている）。

1419年〜1436年　フス戦争（フスの教理を信じるフス派とカトリック・神聖ローマ帝国の戦い。最後はフス派内の分裂もあり、フス派の敗北に終わった。フス派内の急進派はターボルを本拠地としたためターボル派と

も呼ばれた)。

1620年 ピーター・ホラ (白山) の戦い (30年戦争、すなわちボヘミア諸侯とオーストリアの戦いが終結しチェコ王国が独立を失いハプスブルク家に従属する)。

1787年 モーツァルトの「フィガロの結婚」がプラハで大人気を博し「ドンジョバンニ」も同年プラハで初演されて大成功を収めた。

18世紀末〜19世紀初め チェコ語を文化上で復活させる試み

1848年 パリの2月革命に端を発した革命運動 (鎮圧される)。

1867年 オーストリア帝国 (ハプスブルグ帝国) がプロシアとの戦いに敗れオーストリア＝ハンガリー帝国として再編される

1868年 国民劇場の起工式 (この時スメタナは、「チェコ人の生命は音楽にある」と述べた)。

1871年 ドイツ帝国の成立

1879年 ドイツ・オーストリア同盟の成立

1881年 国民劇場 (民族劇場) の創設

1918年 第一次世界大戦終了によるオーストリア＝ハンガリー帝国の解体とチェコスロヴァキアの誕生

1939年 チェコがスロヴァキアと分離してドイツに合併される。

1945年 チェコとスロヴァキアと再合併

1993年 チェコとスロヴァキアが分離して独立

　19世紀はヨーロッパで、諸大国が勢力争いにしのぎを削った時代であるが、中欧においては、ハプスブルグ王朝のフランツ・ヨーゼフ皇帝が、各地の文化は尊重するが、自治は帝国の維持のためにやむを得ずに認めたハンガリー以外、認めない方針だったため、チェコにおいても民族主義の高まりは大きかった。そのような事情を知ることは、スメタナやドヴォルジャークやヤナーチェクの音楽を理解する上で、重要である。

　スメタナの場合は、19世紀のドイツ系音楽 (特にヴァーグナーやリストなど) をふまえながらも、民族的な象徴内容を表現することにより、近代的な

チェコ音楽を創設しようと奮闘したのに対して、ドヴォルジャークは、チェコの民俗音楽だけでなく、スラブ地方全体の民謡なども摂取しながら、様式としては保守的な音楽となっている（例えばドヴォルジャークの交響曲第8番が完成されたのは、マーラーの革新的な交響曲第1番の作曲よりも数年後である）。このため、ドイツでスメタナの人気が高いのに比べて、ドヴォルジャークは、イギリスやアメリカでまず高い評価を得、また同世代の作曲家の中では、特にブラームスやチャイコフスキーに高く評価された。

　ボヘミア民謡の特徴としては、全音階的な長短調やシンメトリックな均衡のとれたフレーズ構造、厳格で規則正しい拍子やリズム、舞踏的性格などがあげられている。1868年国民劇場の起工式が行われたさい、スメタナは、「チェコ人の生命は音楽にある」と述べた。ドヴォルジャークも次のように語っている。

　　　われわれはただ、芸術のみを対象とするこの職務を、つまり神に捧げることができるこの職務を幸福なものとするでしょう。そして芸術を育み表現することのできる国家は、たとえそれが小国であろうとも、決して沈下することのないよう希求します。即ち、私は一人の芸術家もまた一つの祖国をもつことを説明しようとしただけであります。

II　スメタナの「わが祖国」

1. はじめに

　スメタナの代表作「わが祖国」の背景には、チェコ国民楽派の創始者としてのスメタナの波瀾万丈の生涯とチェコの苦難の歴史があります。その両者をしらないと、この傑作の正しい理解はできないでしょう。

2. スメタナの生涯

　ベドジフ・スメタナは、ボヘミアの醸造家であり、熱心なアマチュア音楽家である父親フランティシェックと母親バルボラの子供として、ボヘミア東部のリトミシュルで1824年に生まれた。音楽の最初の教師は父親であったが、個

人レッスンを数人の教師から受けた後は、1840年から3年間、プルゼニュの
ギムナジウムで専門的な教育を受けた。ダンス曲のピアニストとしても活動し
ていたが、当時最初の妻となったカテジナ・コラージョヴァーと出会い恋す
るようになった。カテジナはピアニストとしても才能があった。父親が経済的
に苦しくなり、父親からの経済的援助が見込めなくなると、スメタナはプラハ
に行き、ピアノを教えながら作曲のより専門的なレッスンを受けることとなっ
た。1848年には音楽教室を創設したが、財政的には苦しいままで、スメタナ
は私的にレッスンを続けなければならなかった。1849年にカテジナと結婚し
4人の子供が生まれたが、4人中3人は1854年から1856年の間に亡くなり、
特に長女の死を深く悲しんだスメタナは、その痛みをピアノ三重奏曲の作曲の
中で昇華している。このピアノ三重奏曲は、プラハを旅行していたリストの前
で私的に演奏されたが、リストに激賞された。当時から妻のカテジナは、結核
を患うこととなっていった。1848年フランスの2月革命に触発される形でチェ
コの自由と解放をめざしたプラハ革命がおこったが、オーストリア軍に鎮圧
された。これらの事件の後から、ドイツ語で日常生活を送っていたスメタナは
チェコ語を学ぶようになっていった。その後の政治状況も愛国心の強いスメタ
ナにとって絶望的なままであったが、政治状況に加えて経済状態も改善せず、
友人のすすめもありスメタナはスウェーデンのイェーテボリへの旅行を計画し
た。

　1856年スウェーデンでピアニストとして演奏会を開いたところ成功を収めた
ため、スメタナはスウェーデンに住むことを決意し、音楽学校を創設し、合唱
団や管弦楽団の指導などもするようになった。父親が危篤との知らせを聞いて
一時チェコに帰国したが、その後もスウェーデンに滞在を続け、親交もあり尊
敬していたリストの影響もあり、当時から交響詩の作曲も始めるようになった。

　スウェーデンでの生活は、経済的にはうまくいっていたが、カテジナの健康
には悪く、1859年カテジナをチェコに連れて帰る途中のドレスデンでカテジナ
は死去した。1859年にオーストリア軍がナポレオン3世率いる連合軍（イタリ
ア統一にかかわる戦争）に敗れたことをきっかけとして、チェコで自治が拡大
された。1861年にチェコ国民オペラが開設される見込みができると、スメタナ

はプラハに戻ることとした。また、先立つ1860年にスメタナは、弟の義妹に
あたるベティナ・フェルディナンドヴァーと再婚した。

　プラハに戻ったスメタナは劇場の指揮者になることを目指したが、リスト
に近い新ドイツ派であるとして、保守的な音楽家から敬遠されていたこともあ
り、不遇な時代がしばらく続いた。スメタナのオペラ「ボヘミアにおけるブ
ランデンブルクの人々」と「売られた花嫁」の成功により、1866年に仮劇場
（国民劇場完成までの劇場）の首席指揮者の地位を得た。そこでは歌劇場の改
革に努めたが、批評家からは、スメタナの作品は民謡の引用による国民音楽の
創造という理念に反していると非難され、ヴァーグナー主義者と叩かれた。劇
場におけるスメタナ擁護派とスメタナ解雇派の争いは、政界まで巻き込む形で
1872年にピークを迎えたが、同年にスメタナが再雇用の契約をかわすことに
なった。しかし、この間の心労はスメタナの健康に後に重大な影響を与えるこ
ととなった。

　1874年にスメタナは、交響詩「わが祖国」の第1曲「ヴィシェフラット」
を仕上げていたが、健康状態が明らかに悪化してきた。潰瘍、のどのトラブル
（扁桃腺炎）、聴力障害、めまい、皮疹が生じてきた。原因は梅毒であった。特
に1874年の7月に始まった聴力障害は急速に進行し、治療を試みるにもかか
わらず、1874年10月には聴力を全く失った。劇場での上演権に対する報酬も
十分に与えられず、経済的にも苦しくなったスメタナは1876年にはプラハの
家を引き上げ、ヤブケニツェにある結婚した娘の家に世話になることになっ
た。1876年に、スメタナは日記に次のように書いている。

　　絶望に陥り、私の苦悩を無理矢理終わらせないために、あらゆる勇気と力をふ
　りしぼらなければならなかった。家族への思いと私の民族・祖国のために作曲し
　なければならないという思いだけが私を支え、私を新しい仕事へと鼓舞した。聞
　こえないことは、それだけならまだ耐えられないことではなかった。最大の苦悩
　は、絶えず耳鳴りがして、その耳鳴りが私の中で響きだしている音楽を妨げるこ
　とだった。最後には、仕事を断念するしかなくなってしまうのである。

　この苦難の中で、スメタナは、歌劇や「わが祖国」の作曲を続け、また弦楽

四重奏曲第1番「わが生涯より」も1876年に完成していった。1877年になると聴力障害だけでなく、耳鳴りが終日続くために1日に1時間以上作曲できない日々が続き、抑鬱気分も増えていった。1877年10月に彼のオペラの台本作者に、以下のような手紙を書いている。

> 　私の音楽は、喜劇にふさわしい快活さがなくなっているのではないかと思います。でも、どうして快活でおれましょうか。私の心が困難と悲しみで一杯になっている時に、幸せはどこから来るのでしょうか。困難を伴わずに仕事がしたいのですが、運命はそれを許してくれません。自分の前途に貧困と不幸しかみえない時に、仕事に対する熱中は不可能となり、少なくとも快活な気分はなくなっているのです。でも、私に第2幕の原稿をすぐに送って下さい。音楽に打ち込んでいる時だけ、私の老年期に私を残酷に悩ませているすべての事を一瞬忘れることができるのです。

また1877年末になると、めまいも頻回となっていった。このような悪状況の中で、1878年から1879年にかけて、「わが祖国」の第5、6曲である「ターボル」と「ブラニーク」を作曲し、歌劇の作曲も続けた。1881年には、耳鳴りはますますひどくなっていった。1882年になると、「わが祖国」が全曲演奏されて大成功を収めたものの、スメタナ自身は寒気、眠気、失神に加えて、記憶障害、言語障害や歩行障害も生じ、1日に数小節作曲するのが精一杯という状況となっていった。1883年には弦楽四重奏曲第2番を完成させたが、その後精神障害が進行し、1884年4月には幻覚が増悪し錯乱状態になり精神病院に入院し、1884年5月に死去した。

3.　連作交響詩「わが祖国」

スメタナの作曲の中心は、オペラと交響詩であった。交響詩については、親交があり尊敬していたリストの影響もあり、標題音楽の持つ強い表現力を信じ、スウェーデン時代から作曲を続けていた。1870年頃から国民的・記念碑的音楽を作曲しようと連作交響詩を構想していた。実際に「わが祖国」を作曲したのは1874年から1879年にかけてであるが、「ヴィシェフラット」と「ヴルタヴァ」は1874年に作曲、「シャールカ」と「ボヘミアの草原と森」は

1875年に作曲、「ターボル」と「ブラニーク」は1878年と1879年に作曲というように作曲年代の開きがみられる。「ヴルタヴァ」以降の4曲は、スメタナが聴力を完全に失ってから作曲されている。最後の2曲を作曲する前に弦楽四重奏曲第1番「わが生涯より」やオペラの作曲もなされており、特に「ターボル」と「ブラニーク」は健康状態の悪化と闘いながら作曲が続けられた。

　スメタナは標題の意図を聴衆に理解させるために、曲の解説を書いている。標題を知らなくても感動する曲も少なくなく、曲によっては標題にとらわれすぎるのは、曲を理解する上でかえってマイナスとなる危険もあるが、スメタナの言葉などをまず引用しながら、曲について説明を加えたい。

（1）　ヴィシェフラット

　　　吟遊詩人達（ミンストレル）のハープが前奏を構成する。ミンストレルの歌は王家であるヴィシェフラットの居城の歴史を魔法をかけて回想する。偉大なる過去とその輝かしき栄誉、居城をめぐる戦闘と衰退、そして最後の陥落へと、音楽はメランコリックに鳴り響く。

　ヴィシェフラットは以前は「高い城」と訳されていたが、プラハの中心街から南南西2kmあまりのところにある城跡の地名で、フス戦争ではヴィシェフラットの戦いもあった。現在スメタナの墓もヴィシェフラットにある。冒頭にハープで演奏され、次に木管楽器に引き継がれる2つのヴィシェフラットの主題が、2曲目「ヴルタヴァ（モルダウ）」と終曲「ブラニーク」の最後でも堂々と奏でられ、チェコ民族復興の願い、またスメタナの祈りを象徴する主題として鳴り響く。

（2）　ヴルタヴァ（モルダウ）

　　　第2曲はヴルタヴァ川の流れを描写している。最初に2つの源流が現れる（暖かいヴルタヴァ川と冷たいヴルタヴァ川）。これら2つの支流はやがて合流して、広大な牧草地と森を通り抜け、村人たちの賑わう陽気な祝祭を過ぎて進む。そして銀色の月明かりの下では水の精が踊り回る。誇り高き城、宮殿、神々しい古び

た廃墟、それらが荒々しい岩と一つになって通り過ぎる。ヴルタヴァ川は聖ヨハ
ネの急流に淀んで旋回し、プラハに向かってようようと流れ出る。ヴィシェフラッ
トが威厳を帯びて川沿いにその姿を現す。ヴルタヴァ川は次第に視界から遠ざか
り、最後はラベ川（ドイツ語でエルベ川）に注ぐ。

　ヴルタヴァはモルダウという名前で有名で、プラハ市内を流れる大河である
が、モルダウはドイツ語名なので、ヴルタヴァと言うべきであろう。フルート
のクラリネットによる前奏の後で、ヴァイオリンなどによって演奏される主題
は、あまりにも有名である。「森の狩り」「村の婚礼」「月の光と川の妖精の踊
り」の部分を経て、もとの主題が再現されて、「聖ヨハネの急流」となる構成
は、大きく見ると3部構成となっており、わかりやすく、音楽も変化に富み美
しく、人々から永く愛され続けている。

（3）シャールカ

　　私の作品の観念は、一語でいえば、若い英雄的な女性シャールカ自身である。
はじめに、彼女の男達に対する怒り、屈辱、激怒 ― 恋人の背信の結果による ―
復讐の誓いを語る。スティラートとその兵士達は、いまや場面に登場する。そし
て、スティラートは、木に縛り付けられた哀れな様子の彼女を見る。彼女の美し
さに驚いて、彼は彼女と恋に陥る。彼女は彼を刺激し、その兵士達を酔わせ、大
騒ぎさせたあげく深い眠りに陥らせる。角笛が彼女の女達に彼女の信号を発する。
そのこだま。女達は無活動状態の陣営を攻撃する。その勝利。

　非常に情熱的な曲であり、上記の標題がなくても、その熱情、興奮が伝わっ
てくる。クラリネットの2回にわたるソロが印象的であるが、シャールカ自身
を表現しているのだろう。

（4）「ボヘミアの草原と森から」

　　ボヘミアの風景を眺めた時に受ける情感が描かれている。至る所から柔らかな
歌声が空中を満たし、すべての木立、咲き乱れる野原、そのすべてが陽気でメラ
ンコリックな歌を誘う。森はホルンで示され、明るい肥沃な低地は喜ばしい主題

で描かれている。誰もがこの曲から、自分にとって心より好ましい思い出を引き
出すであろう。詩人には限界がない。

　他の5曲のような物語的な題材はないが、ホルン、クラリネットによる森の
コラールやスメタナの愛したポルカ（4分の2拍子のチェコの舞曲）などもあ
り、親しみやすい作品となっている。

（5）「ターボル」

　　曲全体はフス派のコラールに基づく。ターボルの地はフス派の主要な根拠地で
　ある。疑いなくこのコラールは最も力強く頻繁に聞こえてくるに違いない。この
　曲はフス教徒達の決定と意志の力を表している。また彼らの頑強な闘争、その恐
　れのなか、忍耐力、妥協のない態度、それらは特に象徴的な詩の最後で強調され
　る。楽曲は詳細に区分されず、フス教徒達の誉れ・偉大さ・性格の強さを讃えて
　いる。

　フス派の賛美歌が3つの主題として頻繁に現れるが、最初の賛美歌が曲全体
を支配している。戦闘的な雰囲気を描写したような音楽が続き、曲は悲劇的な
色彩を帯びながらも力強く終わる。攻めようとしては抵抗にあうその音楽は、
スメタナ自身の状態を象徴しているように思われる。

（6）「ブラニーク」

　　ブラニーク（ブラニークは山の名前）のふもとでフス派の戦士達がボヘミアを
　悲劇的な圧政から救おうとして、招集を待機しながら眠っていた。そこに、フス
　派の賛美歌『汝らは神の戦士』がきこえてくる。羊飼いの牧歌的な感想があり、
　羊飼い達が山の斜面にくる。やがて、敵の来襲があり、新しい賛美歌『汝らの神
　と共に勝利を収めよ』が行進曲のリズムで現れる。そしてフス派の人々は、戦闘
　に立ち上がり、大きな勝利を収める。

　ターボルで演奏されたフス派のコラールが3つともこの曲でも現れる。第1
のコラールは冒頭に、第2のコラールは牧歌風のところで少し形を変えて、そ
して第3のコラールが曲の後半を支配する。最後には、全曲の冒頭の演奏され

たヴィシェフラットの主題が民族の復興を願って感動的に再現されて、勝利の
ファンファーレで終わる。

「わが祖国」を理解する上で、標題の理解は重要である。この曲の主要なテー
マである民族の自由と平等を求めての闘いは、人類共通の願いでもある。ただ
標題理解以上に、スメタナの生涯との関連において曲を理解することや、音楽
そのものの美しさを体験することが、より重要と思われる。聴覚を失い指揮者
としての活動を断念し、生計を立てることすらも困難になり、耳鳴りや健康状
態の悪化に悩まされていたスメタナにとって、「わが祖国」を作曲して完成さ
せることは、生きる上での祈りであった。悲劇的な第 5 曲「ターボル」から英
雄的な第 6 曲「ブラニーク」へと向かう音楽の流れに、チェコ民族だけではな
くスメタナ自身の運命や思いが重ねられているのではないだろうか。この曲に
こめられた祈りや音楽の美しさ、情熱は、チェコという民族を超えて、全世界
の人々に感動を与え続けるだろう。

Ⅲ　ドヴォルジャークの交響曲第 8 番

1．はじめに

　ドヴォルジャークの交響曲第 8 番は、私たちが敬愛する植村茂先生（伊勢管
弦楽団初代コンサートマスター）が大好きな曲の 1 つでした。植村先生の音楽
への愛情が私たちを導いて下さいました。2020 年 1 月 26 日に開催される植村
茂先生追悼記念演奏会において、伊勢管弦楽団単独で演奏する曲目として、私
たちはこの交響曲の第 3・第 4 楽章を選びました。第 3 楽章冒頭のヴァイオリ
ンの素敵なメロディーからも、植村先生の生き生きと弾かれているそのお姿を
思いだします。

2. ドヴォルジャークの生涯

1841年9月8日、プラハ近郊に生まれた。父親は肉屋でボヘミアには多い素人音楽家で、ヴァイオリン、チター、トランペットなども吹くことができた。ボヘミアには、民衆楽団は多く、ヴァーグナーやベルリオーズも感嘆していたし、モーツァルトがウィーンよりプラハで生前人気が高かったことは、よく知られている。12歳になると肉屋の修業を始めるが、音楽を習った師匠リーマンのすすめで、音楽の勉強を本格的に始め、作曲家としては、モーツァルト、ベートーヴェン、シューベルトの作品から多くを学んだ。18歳（1859年）からコムザーク楽団のヴィオラ奏者として12年間務め、スメタナの「売られた花嫁」の初演にも携わった。

1865年（24歳）には、最初の交響曲を作曲していたが、作曲家として成功したのは32歳（この年にドヴォルジャークはアンナ・チェルマーコヴァーと結婚した）以降で、作曲家として専ら生計を立ててからオーストリア国家奨学金に毎年のように挑戦し、何度も獲得した。その審査員をしていたブラームスの推薦により出版契約を結んだベルリンのジムロックが依頼したことから、1878年（37歳）にはスラブ舞曲第1集が出版され、絶賛を博した。ドヴォルジャークが、民族音楽を盛り立てるために書いたオペラや声楽曲以外、交響曲、協奏曲、室内楽曲などに多くの精力を傾けたのは、生涯友情を結ぶこととなったブラームスの影響も大きいと考えられている。

スラブ舞曲第1集の成功の後、「チェコ人にとって民族の音楽とは何か」という問いについて悩み、オペラの不成功や1882年の母親の死などもあり、ドヴォルジャークの作品にも暗い影や激情のほとばしりがみられるようになった。対外的には名声が高まり、1884年（43歳）以降は、何度もイギリス訪問をし、1890年には第6回目のイギリス訪問時には、交響曲第8番を初演している。1892年（51歳）にはニューヨーク・ナショナル音楽院の校長の職務（作曲のレッスンと学生オーケストラの指揮）を果たすために3年間、アメリカに滞在した。

これは、アメリカに国民音楽を作りたいと考えていた音楽院創設者のサー

バー夫人の依頼によるものであったが、チャイコフスキーなどをさしおいてド
ヴォルジャークに依頼されたのは、ドイツ音楽の影響を受けながらも、独自の
国民音楽を打ち立てたことの業績を評価されてのものであった。アメリカ滞在
中は郷愁が強かったが、黒人霊歌などからも着想を得て新世界交響曲などを完
成させ、チェコに戻る前にはチェロ協奏曲を作曲した。プラハに戻ってからは、
作曲家ヨゼフ・スークと娘オティーリエの結婚などもあったが、1901年（60
歳）時に、プラハ音楽院の院長に就任、1904年（63歳）5月1日、病気のた
めプラハで亡くなった。

3. 交響曲第8番

　ドヴォルジャークは、交響曲第8番を1889年秋に2か月半で完成させた。
チェコ音楽研究者の内藤はこの曲について、「ボヘミアの自然と素朴な『民衆
の声』から発したものであり、まさにチェコ音楽の極致を表すもの」と述べて
いる。確かに当時のドヴォルジャークは、スメタナに代表されるような後期ロ
マン主義的傾向から脱し、この第8交響曲を純粋にチェコ民俗音楽的な曲と
して作曲した。他の交響曲などに比べても、喜びや力、そしてやさしさにあふ
れ、美しい旋律にもあふれている（5年前に作曲された交響曲第7番の悲劇的
性格とは対照的である）。

　第1楽章　アレグロ・コン・ブリオ　ト長調　4分の4拍子。ソナタ形式。

　冒頭のエレジー風主題（ト短調）に続いて、すぐにト長調に転調しフルート
が小鳥のさえずりのような主題を吹き、第1主題を暗示する。展開部でヴィオ
ラにより、農民の歌のような第3主題（この主題は第1主題提示部の中で一瞬
だが明瞭に現れる）が現れ、この主題と第1主題が中心に展開される。この第
3主題は冒頭主題の後半に潜んでいる動機からできているが、再現部では、ま
ず冒頭主題が強奏された後、第1主題、第2主題が再現され力強く終わる。

　第2楽章　アダージョ　ハ短調　4分の2拍子。不規則な三部形式。

　内省的に始まるが、ドヴォルジャークの信仰の確かさを示す堂々とした響
き、及び自然の歌が中心的内容である。音楽の素材としては、単純な上昇音
階、そして一部下降音階が使われているが、ドヴォルジャークならではの独創

的表現の楽章である。

　第3楽章　アレグレット・グラツィオーソ　ト短調　8分の3拍子。三部形式。

　冒頭のエレガントでメランコリックなメロディーの美しさは、一度聴いたら忘れられないのではないだろうか。この主題は、軽快な3拍子の中に、分散和音の上昇音型と、それに続く下降音階からなっている。19世紀後半における音階的進行の多用は、ドヴォルジャークやチャイコフスキーにような国民楽派の特徴とも言えるかもしれない。中間部のユモレスクを思い出させる夢のような雰囲気も、筆舌に尽くしがたい。コーダは、ボヘミアの民族舞曲風に軽快に終わる。

　第4楽章　アレグロ・マ・ノン・トロッポ　ト長調　4分の2拍子。変奏曲形式。

　変奏曲の主題は、冒頭のトランペットのファンファーレに続き、チェロでまず演奏されるが、この主題のはじめのソーシーレという上昇音型は、第1楽章の第1主題の冒頭と同じであり、全曲に共通した肯定的な飛躍感を与えている。第5変奏（ハ短調）には冒頭のファンファーレの方がむしろ構造的に近い土俗的主題が現れるが、これは東方スラブの民俗音楽との関連があるとされている。その後、ファンファーレ主題が変奏曲の主題をさしおいてクライマックスで再現される構造は、第1楽章の冒頭主題の扱いと同じで、全曲に統一感を与えている。その後、変奏曲の主題が再現され、さらに内省的な雰囲気の中で変奏される。このため、変奏曲形式でありながら、ソナタ形式や三部形式のようにも聞こえる。曲の最後は、テンポを上げて、喜びの中に華麗に終わる。

Ⅳ　ヤナーチェクのシンフォニエッタ

1. はじめに

　伊勢管弦楽団ではチェコ出身の作曲家の音楽を数多く取り上げてきています。しかし、これまで演奏してきたチェコ出身の作曲家と比べると、今回のヤナーチェクは同じチェコ出身の作曲家といいながらも非常に曲の雰囲気が異

なっています。それは、作曲家の個性や時代的背景の違いもありますが、同じ
チェコといっても、スメタナ、ドヴォルジャーク、マーラーは西部のボヘミア
出身であるのに対して、ヤナーチェクは東部のモラヴィア出身であることも大
きな要素でしょう。このようなヤナーチェクの生涯とシンフォニエッタについ
て、以下に述べたいと思います。

2．ヤナーチェクの生涯

　レオシュ・ヤナーチェクは 1854 年 7 月 3 日、チェコの東部、モラヴィア地
方北部のフクヴァルディで生まれた。同じチェコで生まれた作曲家としては、
スメタナの 30 歳年下、ドヴォルジャークの 13 歳年下、マーラーの 6 歳年上
となる。11 歳の時、モラヴィア地方の中心都市ブルノの修道院付属学校の少
年聖歌隊員となり、その聖歌隊の指揮者であったクシーシュコフスキーから
音楽を学んだ。12 歳の時に教師であった父親が亡くなったが、叔父の支援も
あり 15 歳からはチェコ教員養成学校に進学し、1874 年から 1 年間、プラハ・
オルガン学校で学んだ。19 歳の頃から合唱団の指揮を始め、1878 年ドヴォル
ジャークとの交流から作曲家になろうという思いが強くなった。

　1881 年にはブルノにオルガン学校を開校し、校長に任命された。同年 7 月
にはヤナーチェクがピアノを教えていたズデンカ・シュルゾヴァーと結婚し
た。結婚した時ヤナーチェクは 27 歳であったのに対してズデンカは 16 歳に
なる手前で、翌年に娘オルガが誕生したが二人の関係は破局を迎えた。1884
年まで別居、その後再び同居するが第二子のヴラディミールが 1890 年に 2 歳
半で亡くなると二人の関係は冷え切ってしまった。1879 年にライプツィヒ音
楽院に 1880 年にはウィーン音楽院に留学したが、留学はヤナーチェクを満足
させるものではなく、ヤナーチェクの関心は次第にモラヴィアの民俗音楽の収
集へ向かっていった。民謡への思いについては、ヤナーチェクは亡くなる 2 年
前の 1926 年に次のように述べている。

　　　民謡──私はその中で幼少の頃から生きてきた。民謡の中にこそ、完全な人間
　　　が、身体が、精神が、そして環境すべてのものが存在するのだ。民謡から生育す

る人間は完全な人間へと成長する。民謡は一つの精神である。というのも、民謡は人為的に植え付けられた文化ではなく、神の文化による純粋な人間の精神を有するからだ。だから私は、我々の芸術音楽が、これと同じ民族の源泉を出自とするものであるのなら、我々もまた芸術音楽の創造を通じて、互いに抱擁し合うことになるものと信じる。民謡は国民（民族）を、諸々の国々を、そして全人類を、一つの精神、一つの幸福、一つの祝福へと結びつける。

　30歳代のヤナーチェクは、モラヴィア民俗音楽の編曲や作曲に最も精力を注いだ。同じチェコでも西部のボヘミアは、風土としても地理的にもドイツ・オーストリアに近く、その音楽も拍節構造のはっきりした規則的なものが多く、ポルカのような舞曲も多かったが、モラヴィアの音楽は東方の影響が強く、規則性に乏しく、旋律もリズムもより自由なものであった。ヤナーチェクは、モラヴィアの伝統文化こそが西スラヴ民族であるチェコ人の音楽を象徴するものであると考え、よりドイツ音楽に近いスメタナの音楽には否定的であった。

　ヤナーチェクは作曲家としては、大器晩成型であり、ヤナーチェクの最初の傑作は、民族主義のオペラ「イェヌーファ」であった。このオペラの作曲に1894年から9年間をかけており、この頃よりヤナーチェクは、話し言葉の抑揚を楽譜に書き留めた「発話旋律」の理論を体系化していった。「イェヌーファ」は子どもの死にまつわる悲劇を描いた作品であるが、完成の直前ヤナーチェクの娘のオルガが病死した。「イェヌーファ」は1904年にブルノで初演、1916年にはプラハで上演されて、大成功を収めた。発話旋律について、ヤナーチェクは1928年に次のように語っている。

　　発話旋律とは何か？　私にとって楽器から聞こえてくる音楽は、ベートーヴェンの作品であろうと他の作曲家の作品であろうと、真実を包括していないと思う。私の場合、常に奇妙なことに、誰かが私に話しかけてくるや、私はその人が実際に話す内容よりも、その人が発する音声の抑揚の方に耳を傾ける…。生とは音（響き）そのものであり、人間の発話の抑揚である。あらゆる生き物は最も深い真実に満ちている。それらは私の生の要求の一つなのだ。1879年以来、私は発話旋律を書き留めて来た…それは私が魂をのぞきこむ窓である。

　1917 年夏、ヤナーチェクはブルノ東方の湯治場ルハチョヴィツェで 38 歳年下の人妻カミラ・シュテスローヴァと出会い、ヤナーチェクが 74 歳で亡くなる 1928 年まで交際を続けた。二人の関係は一方的でプラトニックな関係であったが、カミラはヤナーチェクの好意を寛大に受け流していたようである。カミラとの出会いは、ヤナーチェクに創造のエネルギーをもたらした。ヤナーチェクの代表的作品、「消えた男の日記」（1917 ～ 1919）、オペラ「利口な女狐の物語」（1921 ～ 1923）、弦楽四重奏曲第 1 番（1923）、「シンフォニエッタ」（1926）、「グラゴル・ミサ」（1926）、オペラ「死の家より」（1927 ～ 1928）、弦楽四重奏曲第 2 番「内緒の手紙」（1928）などの傑作はヤナーチェクの晩年 10 年間に次々に作曲された。

　1928 年の夏には、恋人カミラとその夫、11 歳になるカミラの息子をフクヴァルディに招待して休暇を過ごしていたが、カミラの息子が森で迷子になったと思い込み、彼女の息子を捜すうちに風邪をこじらせて肺炎にかかり、8 月 12 日に満 74 歳で逝去した。

3.　シンフォニエッタ

　シンフォニエッタの成立の由来としては、1926 年の春、ヤナーチェクがブルノの新聞から 1861 年創設のチェコ体操協会ソーコルの全国大会の開会式に使う音楽の作曲を依頼されたことが直接の契機であった。しかしその前年、ヤナーチェクが恋人のカミラとピーセクという町の公園で催された野外コンサートに出席し、ファンファーレを聴いた時の感銘や幸福感からこの曲の構想は生まれていた。曲は 1 か月という短期間で作曲され、最初ヤナーチェクは 1918 年の独立後結成されたばかりのチェコスロヴァキア国防軍のために「軍隊シンフォニエッタ」とも名づけていたが、出版の時には「シンフォニエッタ」とした。

　各楽章に付された 1.　ファンファーレ、2.　城、3.　王妃の僧院、4.　街頭、5.　市庁舎という標題についてヤナーチェクは、1927 年 2 月に書いたエッセイに、この曲の音楽外的な意味について次のように綴っている（内藤久子の訳による；一部略）。

　　それから私は町が奇跡的に変化を遂げるのを見た。(中略) 1918 年 10 月 28 日、
　町は蘇った。私はその中に自分自身の姿を見た…。そして勝利のトランペットの
　咆哮、王妃の僧院の神聖な平和、夜の影、緑の丘の安息、わが町ブルノの大いな
　る偉大な光景を眼前にして、私のシンフォニエッタがここに完成したのだ。

　シンフォニエッタはもともと小交響曲というような意味であるが、交響曲に
一般的に使用されるソナタ形式の曲は、どの楽章にもない。しかし冒頭のテナー
チューバによるファンファーレの主題が全曲を統一する堅固な構成となってい
る。編成も特異で通常のオーケストラの編成以外に、トランペット 9 人、バ
ス・トランペット 2 人、テナーチューバ 2 人が必要である。このファンファー
レ隊により第 1 楽章は演奏され、第 5 楽章の後半は通常のオーケストラとファ
ンファーレ隊が合体する構造となっている。5 つの楽章も、従来の形式からは
離れているが、緩 - 急 - 緩 - 急 - 緩というテンポ設定で、中央に位置して
いる第 3 楽章を最もゆっくりなテンポとするとともに、第 3 楽章の中央に最も
テンポの速い激しい部分を置くなど、緻密に構想されたシンメトリックな構成
となっている。

　各楽章が独自のリズムをもつが、リズムやリズムによって規定された音価に
ついてヤナーチェクは、「音の長さ、すなわち音価にしたがって同一気分の持
続が表現されるのであり、逆に音や音価が変化する場合、それは同時に気分の
変化を象徴するものとなる。同じような気分が繰り返される際には、そこに一
様な音の層、つまり均等な音価が生じることになる」と述べている。

　曲は以下の 5 つの楽章からなる。なお以下の譜例は佐川吉男によるものの引
用である。

　第 1 楽章「ファンファーレ」

　冒頭の Es-Des-B (変ホ - 変ニ - 変ロ) のテーマ (譜例 1) を原形として、
変奏 (ヴァリアント) の形で譜例 2 の主題が音程やリズムを微妙に変更し、繰
り返しながら、曲は発展していく。この書法は、地元のモラヴィア地方に息づ
く民謡などに根ざした構造となっている。曲の後半ではオスティナートと呼ば
れる、一定の音型を同一声部・同一音高で反復する技法による独自の音響の構

築が目指されている。オーケストラとは別働隊である 13 人の金管奏者とティンパニだけによって演奏される。

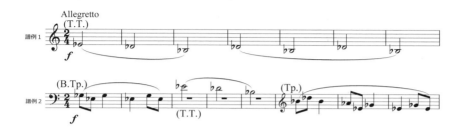

第 2 楽章「城（ブルノのシュピルベルク城）」

　冒頭のクラリネットによる 32 分音符のオスティナート 1 拍分を構成する As-D-E（変イ - ニ - ホ）の音型（譜例 3）は、第 1 楽章冒頭の主要動機とも関連が深いが、この楽章の中心的動機で、譜例 5 のように拡大されて様々に展開される。これと第 1 楽章冒頭の動機から派生したオーボエによって吹かれる躍動的な主題（譜例 4）、この 2 つの動機から第 2 楽章は構成されている。第 2 楽章後半でトランペットが祝典的に奏でるファンファーレ（E - H - A - H）は、第 2 楽章の冒頭音型の反行形となっている。譜例 5 は譜例 3 の音型を拡大したもので、重要な役割を果たす。

第3楽章「王妃の僧院（ブルノの王妃の修道院」」

　ゆったりしたテンポで哀愁を帯びた主題（譜例6）で始まり、ヴィオラと
ハープは時々オスティナートとして分散和音で伴奏をする。途中でシンコペー
ションの和音による音楽（譜例7）がしだいに激しくテンポは速くなり高揚す
るが、最後は冒頭の主題の変奏に戻り、静かに終わる。

第4楽章「街頭（古城に至る道）」

　3小節＋3小節＋2小節＋2小節という単位で構成されているトランペット
によるリズミカルな主題（譜例8）が反復される間に、リズム、音色、拍節構
造などが様々に変容して姿を変えていく。同じ主題が反復されるが、新鮮な表
情が途切れることがない。

第5楽章「市庁舎（ブルノ市庁舎）」

　冒頭のフルートによる主題（譜例9）は、第1楽章冒頭主題の逆行形で始ま
る。この主題が変奏されて盛り上がり、第1楽章のファンファーレの音楽に突
入する。第5楽章のファンファーレでは、金管の別働隊とオーケストラ本体が
一緒になり、人々の勇気を讃える輝かしい歓喜の曲となって終わる。

4. おわりに

　音楽大国のオーストリアやドイツの隣国として、独自の民族音楽を追究したスメタナ、ドヴォルジャークやヤナーチェクの苦闘は、日本人にとっても、私たち自身の問題でもあると思います。チェコの作曲家を紹介した今回の項を、音楽学者ダールハウスの言葉で終わりたいと思います。

　　普遍主義の理念と民族的性格との関係は、決して対峙するものではなく、つまり普遍主義というのは民族主義によって達成されるのであり、民族主義と対峙して獲得されるのではない。

Ⅴ　チャイコフスキーの交響曲第5番

1. はじめに

　チャイコフスキーは、言うまでもなく日本でも人気の高い偉大な作曲家で、彼の交響曲、特に第4、5、6番は作曲されてから約130年間、オーケストラの演奏会で非常によく演奏されています。その中でも第5番は第1、2楽章の完成度が高く、全体としてもまとまりがよいために、最も好んで演奏される名曲です。チャイコフスキーの交響曲第5番は植村茂先生のお気に入りの曲の1つであり、この曲を演奏することになったのは、ひとえに私たち皆が敬愛している植村先生のおかげです。

　チャイコフスキーは、手紙を非常にまめに書いた作曲家で5,000通以上の手紙が残されています。プロポーズされたまま本当は愛していない女性と結婚し、1か月もたたずに結婚生活が破綻したこと、家庭を望んでいたのにもかかわらず自由と孤独を優先したこと、しばしば抑うつ状態になったこと、同性愛

があwhその相手も変遷していったこと、富豪の未亡人であるメック夫人からの
莫大な支援を受け続けたその奇妙な友情関係、指揮が苦手なのに西欧における
ロシア音楽の樹立と生活のために指揮の機会を増やしていったこと、度重なる
西欧への旅行による作品への影響など、チャイコフスキーの生涯を知ること
は、作品への理解を深くします。

2. チャイコフスキーの生涯

　チャイコフスキーは 1840 年の旧ロシア暦で 4 月 25 日、西暦で 5 月 7 日に
ロシア中部の鉱山都市ヴォトキンスクで生まれた。父親イリヤは当時 45 歳の
製鉄所所長で 1827 年に結婚した妻とは死別しており、1833 年にアレクサンド
ラと再婚し、6 人の子どもを育てた。家族仲はよくチャイコフスキーは母親の
秘蔵っ子であったが、母親は 1854 年 6 月にコレラのため享年 42 歳で亡くなっ
た。その後チャイコフスキーは、10 歳年下の双子の弟モデスト、アナトリー
の母親役を心がけた。チャイコフスキーにとって愛する母親の死の衝撃は大き
く、一生に大きな影響を及ぼし、彼はどの女性にも母親のイメージを求めた。
「女だけができる愛撫と心遣いがほしい…女の手で愛撫されたいという狂った
望み」とアナトリーに 42 歳の時に書いている。孤独を好むのに、人懐っこく、
過度の愛情欲求をもつというチャイコフスキーの矛盾した対人関係、特に異性
関係に母親の死の影響は大きかった。

　当時のロシアでは音楽家の地位は西欧よりもはるかに低く、両親にとって
子どもを音楽家にするという発想は全くなかった。チャイコフスキーは 10 歳
の時にペテルブルグに上京し、19 歳まで法律学校で学び、聖歌隊にも属しピ
アノを学ぶようになった。法務省文官に就職するが仕事は退屈で、1861 年の
最初の西欧旅行後に、チャイコフスキーは帝室ロシア音楽協会（翌年にペテル
ブルグ音楽院に改編）に入学することを決意した。1863 年には勤務先の役所
に退職願いを出した。1865 年 12 月には第一期卒業生としてペテルブルグ音楽
院を卒業し、1866 年 1 月から帝室ロシア音楽協会モスクワ支部で音楽理論を
教えるようになった。帝室ロシア音楽協会に対しては、バラギレフ、ムソルグ
スキーら、いわゆるロシア 5 人組から、音楽上のめざす方向について反発が

多かった。当時の最初の大曲が交響曲第1番である。1868年イタリア・オペラ団のプリマドンナ、デジーレ・アルトーがボリショイ劇場で公演をしている時に、二人は急激に相思相愛になり短期間に婚約まで至ったが、周囲に反対されてアルトーは次の巡業地ワルシャワに出発し、チャイコフスキーは捨てられた。ただアルトーはチャイコフスキーが生涯にただ一度結婚を望んだ女性であった。その前から、チャイコフスキーには同性愛の対象がいて、その関係が破綻した時など、しばしば抑うつ状態に襲われた。1973年秋には同性愛の対象であった14歳年下のザークがピストル自殺をし、しばらく作曲できなかったが、翌年にはピアノ協奏曲第1番の作曲などで見事に復活した。

　1876年、チャイコフスキーの音楽の大ファンであり、大富豪の未亡人であったフォン・メック夫人との文通が始まり、メックは万年金欠病であったチャイコフスキーに無償の経済的支援を申し出た。その援助はメック一家の家計が傾く1890年まで続けられることになった。二人の文通は1,000通以上に及び、9歳年上のメックは、チャイコフスキーを領地内の別荘に招いたりフィレンツェに招いたりしたが、チャイコフスキーの提案で二人は会うことはなかった（フィレンツェでの一瞬の偶然の遭遇を除いて）。メックは、チャイコフスキーの死の3か月後の1885年1月に、後を追うかのごとく亡くなっている。1877年には、チャイコフスキーの運命は劇的な出来事に出会う。4月にアントニーナ・ミリュコーヴァから熱烈なラヴレターをもらった。アントニーナは当時27歳で、チャイコフスキーの音楽に惹かれたわけではなかったが、彼の人間性や外見に以前から惹かれており、アントニーナの情熱にほだされて1877年7月6日、二人は結婚式をひっそりとあげた。

　しかし妻の実家訪問でいさかいの絶えない家族に幻滅し、小さいアパートでの結婚生活ではチャイコフスキーの望む自由がなかった。チャイコフスキーはひたすら自分に尽くしてくれる母のような女性を求めたが、家族愛に無縁だったアントニーナはそのような女性ではなかった。結婚式の20日後、実家のあるカメンカに逃避行をし、モスクワに戻ってからモスクワ川に浸かって自殺未遂をしている。一緒に生活したのはわずか33日で、結婚生活は80日で終わった。後始末となる離婚交渉は、友人でチャイコフスキーの作品の出版をてがけ

ているユルゲンソンに一任し、チャイコフスキーは半年間、ベルリン、パリ、そしてスイスに旅立ってしまった。

　この一連の悲劇は、チャイコフスキー側の責任が大きいが、失意のどん底にあってメックからの経済的援助のもと、チャイコフスキーは歌劇「エフゲニー・オネーギン」と交響曲第4番という2つの傑作の作曲に全力を尽くした。

　チャイコフスキーは何度も長期間西欧を旅行したり、名声が高まってからは演奏旅行をしたりしたが、一番好んだのはイタリアであった。イタリア奇想曲や弦楽6重奏曲「フィレンツェの思い出」のような、イタリアに直接的な関係がある曲だけではなく、ヴァイオリン協奏曲、「スペードの女王」のようにイタリアで作曲された名曲も少なくない。1877年における結婚生活の破綻と突然の外国旅行などに関する世間のうわさなども苦痛で、チャイコフスキーは1878年に音楽院を退職した。1880年代は音楽院の仕事から解放されて、名声も高まり、指揮への苦手意識も減って演奏の機会も増え、メック夫人からの援助もあったため、冬季を中心に1年の半分は西欧で生活していた（チャイコフスキーは7か国語に通じていた）。1885年にはモスクワの北西約90kmの小都市クリンに初めて我が家を持った。クリンで1888年に作曲された交響曲第5番には、このようなチャイコフスキーの生活環境の影響も大きい。

　当時から友人の死亡も続き、また1890年にメックから、家庭的・経済的な事情から援助の打ち切りを告げられてショックを受け、1891年9月に遺言状を作成した。その内容として、妻への援助は月100ルーブル以下と決め、弟モデスト、甥ヴラジーミル、姪タチヤーナの子ゲオルギー、従僕アレクセイを主要相続人と定めた。ヴラジーミルへの愛は晩年に目立っていた。1893年10月16日に交響曲第6番の初演を指揮し、その9日後の10月25日に死去した。死因については、コレラによる死亡とされているが、異論もあり議論が多いところである。

3. 交響曲第5番　ホ短調　作品64

　チャイコフスキーにとって11年ぶりの交響曲となる交響曲第5番の作曲には、苦労が多かった。1888年夏に約2か月半で完成させたと思われるが、弟

のモデストには「アイディアもインスピレーションも尽きたのでは」と書き、メックには「昔の手法をまねることしかできないのでは」と落ち込んでいる。そのような「疲れ果てた頭脳から無理やり引き出した」交響曲であったためか、チャイコフスキーのこの曲への評価は低かった。「あの中には何かイヤなものがあります。大げさに飾った色彩があります。人々が本能的に感じるような、こしらえもの的な不誠実さがあります」と自作を当初こきおろしていた。

　一つの旋律で想念を統一する手法に関して、チャイコフスキーはパリに何度も旅行しており、ベルリオーズの幻想交響曲に接していたので、その関連性も考えられるだろう。チャイコフスキー自身の過小評価にもかかわらず、全楽章を冒頭の動機で統一し、運命への絶対服従から勝利へと続く流れがあり、初演以降ずっと世界中で好んで演奏され続けている。チャイコフスキーは1878年の手紙で「私の交響曲は、もちろん、標題音楽的ですが、その標題は言葉では決して表せないようなものです」と書いている。

　この交響曲第5番において、確かに第4楽章に意図的に作られた歓喜という不自然さを感じることがあるかもしれない。チャイコフスキーの指揮による1888年の初演時、聴衆にも演奏家にも不評であったこの曲が、1892年の大指揮者ニキシュによる演奏では、練習の途中で演奏者の表情が不機嫌から一変し演奏も大成功で、「5番を火に投げ込むつもりであった」チャイコフスキーからニキシュは大変感謝されたという。このように演奏の果たす役割も大きいのではないだろうか。なお、以下の譜例は『名曲解説全集　交響曲Ⅱ』の中から井上和男によるものを引用した。

　第1楽章

　アンダンテ―アレグロ・コン・アニマ、ソナタ形式

　序奏部で冒頭のクラリネットによって演奏される重く暗い表情の主要主題（運命の主題）（譜例10）は、全楽章のどこかで重要な役割を果たすことになる。アレグロの提示に入ると、やはりクラリネットとファゴットでポーランド民謡風の第1主題（譜例11）が提示されて、この主題が中心的に展開され盛り上がる。

　その後、第2主題（譜例12）がむしろ次の第3主題への移行部のような印

象を与えながら弦楽器、次に木管楽器で奏される。その後に出てくる憧憬にあふれた第3主題（譜例13）は、チャイコフスキーの数多い名旋律の中でもベストを競う名旋律の一つである。シンコペーションのリズムで美しい弧（アーチ）を描き、木管による対旋律で生き生きと伴奏される。展開部では第1主題と第2主題などが中心的に展開される。再現部は提示部とほぼ同様に演奏されて、第1主題が繰り返されて静かに暗く終了する。

第2楽章

アンダンテ・カンタービレ、コン・アルクーナ・リチェンツァ（多少の自由さをもつアンダンテ・カンタービレ）、複合3部形式

主部では、ロシア正教の賛美歌風の前奏に続いて、ホルンが甘美でどこか哀愁を帯びた第1主題（譜例14）を奏でる。その後すぐに、オーボエの甘美な第2主題（譜例15）が続くが、この第2主題が2度目にヴァイオリン・ヴィオラで気品をもって（con noblezza）演奏される時、魅力的なチャイコフスキー節は人の心を引き付けて離さない。チャイコフスキーには下降音型による旋律が多いのに対して、この主題では上昇音型の中に切ない想いがこめられている。中間部では譜例16の旋律が繰り返されて盛り上がり、突然「運命の主題」が圧倒的な力をもって現れる。その後主部に戻るが、第2主題が反復されて熱

情的に盛り上がるところでは、チャイコフスキーの指示した音量は ffff にまで
達する。そのすぐ後で、「運命の主題」が再度、さらに威圧的に現れて、最後
は第2主題がひそやかに、なごりを惜しむように静かに繰り返されてこの美し
い楽章を終える。

第3楽章

ワルツ、アレグロ・モデラート

　優雅なワルツ（譜例17）が主部の中心主題で、中間部はリズミカルで細か
い動きの主題（譜例18）による。チャイコフスキーはバレエ音楽における数々
のワルツをはじめ、ワルツの作曲が得意であったが交響曲にワルツを挿入した
のは異例で、いずれも重くなりがちな3つの楽章とのバランスを絶妙に計算し
たのかもしれない。「運命の主題」は最後に第4楽章での登場を暗示するよう
に、ここではひそやかに演奏される。チャイコフスキーは、どの作曲家よりも
モーツァルトを愛しており、彼の交響曲の中では、最もモーツァルト風の優雅
さをもった曲となっている。

第4楽章

フィナーレ、アンダンテ・マエストーソ―アレグロ・ヴィヴァーチェ、ロンド・ソナタ形式

　冒頭から「運命の主題」がこれまでの短調ではなく、いきなりホ長調で堂々と威厳をもって演奏される。主部に入ると絢爛で華麗な第1主題（譜例19）がいきなり力強く現れ、譜例20、21の動機を経て、第2主題（譜例22）が展開される。その後「運命の主題」が再度展開されて、第1、第2主題が再現された後は、「運命の主題」が再びホ長調で勝利の行進のように輝かしく演奏され、最後は第1楽章の第1主題（譜例11）もトランペット、ホルンなどによる ffff の強奏で現れ、全曲を華やかに終わる。

4. おわりに

　交響曲第5番は、前述のようにアマチュア・オーケストラの演奏会でも、プロ・オーケストラの演奏会でも、演奏されることの多い名曲です。しかし、チャイコフスキー自身の言葉にもあるように、特に第4楽章などは、演奏次第では中身が乏しく単に演出効果をねらった曲に堕してしまう危険性もはらんでいるように思います。チャイコフスキーが表現したかったのは、交響曲第4番

にあるような運命の克服そのものではなく、その願いや想念のようにも思われ
ます。指揮者は当然ですが、演奏する私たち自身の音楽性、感性が問われやす
い曲かもしれません。

第 11 章

フォーレ
―レクイエムなど―

はじめに

　フォーレ（1845-1924）は室内楽、歌曲、ピアノ曲のジャンルで素晴らしい傑作を多く残した大作曲家です。ただ以下に名前があがっているドビュッシーのようにフォーレの音楽をサロン音楽として、批判する人たちも一部にはいました。しかし、フォーレの音楽のもつ優しさ、高貴さ、繊細さ、そして現世の利害などではない、もっと遠く深い世界をみつめるその姿勢などは、他の作曲家にはないフォーレ独自の魅力であり、フォーレのレクイエムをはじめとする傑作は、将来にわたっても、忘れ去られることはありえない永遠の輝きをもった音楽だと思います。

I　フォーレの生涯

　ガブリエル・フォーレは、1845年に教師の父トゥッサン＝オノレ・フォーレと貴族出身の母エレーヌの間に6人兄弟の末っ子として生まれたが、生まれると間もなく乳母の元に送られ、両親と一緒に暮らした年月は5年にも満たなかった。両親の言葉によれば、フォーレは幼い頃から、物思いにふけった口数の少ない子どもであり、ピレネー山脈のふもとで幼少期を過ごした。1853年からフォーレは、音楽教育も受けることになり、ニデルメイエールのもとで作曲、ピアノを教授された。ニデルメイエールが1861年に亡くなった後は、サ

ン＝サーンスが同校のピアノ科に招聘されて、フォーレとサン＝サーンスの生涯にわたる友情が始まった。ニデルメイエール宗教音楽学校を20歳で卒業した後は、地方都市の教会のオルガニストとして活動したが、1870年にパリに戻った後は、パリの教会のオルガニストとして活動するようになった。1871年には、サン＝サーンスらの呼びかけに応じて、「国民音楽協会」の創設に関わった。国民音楽協会は、オペラの流行や技巧ばかりを売り物にしていた音楽の風潮に対して、真のフランス音楽の復興をめざすものであり、フランク、ダンディ、ラロ、マスネ、ビゼー、デュパルクらも協力していた。裕福な実業家カミーユ・クレール家に出入りし、そこでヴァイオリン・ソナタ第1番やピアノ四重奏曲第1番のような初期の傑作を1876年前後に作曲した。この両曲の間には、1877年におけるマリアンヌ・ヴィアルドとの婚約とその解消という事件があり、フォーレの心に傷を残した。この事件は、フォーレのこれまでの陽気さや慎ましさに、ある種の激しさを与えることになった。ピアノ四重奏曲第1番やバラードにはその苦悩の昇華もみられる。

　1883年彫刻家の娘マリー・フレミエと結婚したが、二人の結婚生活は必ずしも満たされたものではなく、マリーは、「私は才能のない優柔不断な人間で、家族の厄介者なのです」とサン・サーンスに手紙を書いたこともあった。1885年、フォーレの父親が死去したが、1880年代後半は特に、気分の落ち込むことが多く、フォーレ自身、この時期を当時作曲した歌曲にならって spleen〈憂鬱〉と呼んでいた。レクイエムのような、内面への集中や瞑想を示す作品が多くなるとともに、ピアノ四重奏曲第2番のような感情の激しい表現や悲しみの表現がみられるのもこの時期の特徴である。

　続く1890年代は、前半には「優しき歌」、後半には「ペレアスとメリザンド」などの名曲を生み出した。1900年に歌劇「プロメテ」の初演で大衆的成功も経験したが、1903年には聴覚障害が明らかになった。フォーレの聴覚障害は、中音域では、音はひそかにではあるが正確に聞こえたのに対して、高音域や低音域の音は騒音にしか聞こえないという特徴があった。しかし、この障害を隠して1905年にパリ国立音楽院の院長になった。聴覚障害の進行は徐々で、調子のよい時にはピアノを弾くこともできた。

　1920年にパリ音楽院の院長を辞任した後は、作曲に専念できるようになり、ピアノ五重奏曲第2番のような晩年の傑作を作曲した。最後2年間は健康状態も悪化したが、ピアノ三重奏曲や弦楽四重奏曲などを作曲し、1924年に79歳で死去した。

　フォーレの作風は、第1期（1860-1885）、第2期（1886-1905）、第3期（1906-1924）の3期に分けられることが多い。第1期の特徴として、若々しいロマンティシズム、華麗で繊細な表現をあげることができ、曲の規模からいけば代表作は、ピアノ四重奏曲第1番である。第2期には、表現が多彩で、激しい表現や、内面的な表現など、第1期とは異なった様相を示してくる。代表作はレクイエム、「優しき歌」、ピアノ五重奏曲第1番だろう。第3期は、聴覚障害の影響か、暗く難解なところもあり、あまり一般受けはしないが、ピアノ五重奏曲第2番などの傑作を残している。

II　レクイエム

1. 曲の成立の過程

　フォーレは宗教音楽学校を卒業し、教会でオルガニストや合唱長を長く務めていたこともあり、宗教的作品もかなり作曲している。フォーレのレクイエムにグレゴリオ聖歌の影響がみられるのも、こういったフォーレの育った環境のためであると思われる。レクイエムが作曲された動機は、1885年における父の死、そして1887年における母の死と一般的にはされている。しかしフォーレ自身が「私のレクイエムは、特定の人物や事柄を意識して書かれたものではありません。敢えて言うならば、楽しみのためでしょうか…」と手紙に書いており、落ち込みやすかった1880年代後半に、フォーレ自身が、心の癒しとしてレクイエムを作曲したという側面も大きいだろう。「私のレクエイムについて言うならば、おそらく本能的に慣習から逃れようと試みたのであり、長い間画一的な葬儀のオルガン伴奏をつとめた結果がここに現れている。私はうんざりして何か他のことをしてみたかったのだ」ともフォーレは述べていた。

　1887年には作曲が始められ、1890年には一応完成されたが、その後管弦楽編成などに変更が加えられ、現在の形となった。このレクイエムは、通常のレクイエムでは独立した楽曲として演奏され、最も劇的に表現されることが多い「怒りの日」が、「リベラ・メ」の中に挿入されていること、通常では作曲されない「天国にて」が作曲され、しかも最後に置かれるなどの特徴があり、この曲のもつ優しさ、抒情性、慰めの効果などを高めていると思われる。曲は以下の7曲からなっている。

2.　曲の構成

　第1曲　入祭唱、キリエ（Introitus, Kyrie）
　入祭唱は死者の永遠の安息を神に嘆願する祈りであり、キリエは主とキリストに憐れみを求める祈りである。「主よ、永遠の休息を彼らに与え給え」と歌われる。

　第2曲　奉献唱（Offertorium）
　奉献唱は、神に犠牲をささげ、死者の霊を罪と地獄から救うことを願う祈りである。中間部では、バリトン独唱が「生け贄と祈りを主に捧げる」と語るように歌う。曲の後半では、冒頭の旋律が再び歌われるが、やすらぎと希望の祈りの中で穏やかに終わる。

　第3曲　サンクトゥス（Sanctus）
　神を聖なるものとして讃美する祈りの合唱。「聖なるかな」と天国的な美しさで歌われるが、後半では「ホザンナ」（語源としてはヘブライ語で「助けたまえ」であるが、キリストのエルサレム入場を歓呼した言葉）と確信をもって盛り上がり、最後は清澄な中にppで終わる。

　第4曲　ピエ・イエズ（Pie Jesu）
　オルガン伴奏にのって、ソプラノ独唱が「主よ、やさしきイエズスよ、彼らに永遠の休息を与え給え」と慈愛をこめて歌う。音楽による感動的な祈りとなっている。サン・サーンスはフォーレへの手紙の中で、次のように語っている。
　「モーツァルトの『アヴェ・ヴェルム』が唯一絶対の『アヴェ・ヴェルム』

であるように、君の『ピエ・イエズ』もこの世では唯ひとつしか存在しない真の『ピエ・イエズ』です。」

第5曲　アニュス・デイ＞（Agnus Dei）

神の子羊（Agnus Dei）たるキリストにささげる祈りである。「神の子羊、世の罪を除き給う主よ、彼らに休息を与え給え」と歌われる。ソプラノが「光を」と歌い、そこから合唱で「照らし給え」と転調しながら受け継がれる中間部は、信じられないほど美しい。その後冒頭の入祭唱に変わるが、最後はアニュス・デイ冒頭の美しい旋律が、管弦楽だけでニ長調（最後の「天国にて」の調性）で奏でられて終わる。

第6曲　リベラ・メ（Libera Me）

死者の罪が許されるためにささげられる祈願である。バリトン独唱で、「主よ、私を永遠の死から解放し給え」と歌い始め、中間部では、少し速いテンポで「怒りの日」と最後の審判の日の恐怖が合唱で歌われる。

第7曲　天国にて（In Paradisum）

本来は柩が墓地に運ばれる途中に歌われる聖歌であるが、弦楽器、オルガン、ハープによる敬虔な響きに伴奏されて、死の悲しみではなく、「永遠の休息に導かんことを」と天上の至福の世界が歌われる。曲全体を貫く均一なリズムや、動きを極力減らした弦楽器の使用法は、時間を超えた浄められた世界を見事に象徴している。

Ⅲ　管弦楽組曲「ペレアスとメリザンド」

1. はじめに

フォーレの管弦楽作品は、劇音楽が中心です。1893年にフォーレはサン＝サーンスに「舞台のための付随音楽が、私のささやかな才覚にどうやら見合う唯一のものです！」と謙虚に手紙に書いていました。管弦楽作品の数は多くはありませんが、「ペレアスとメリザンド」はそれらの中で代表作として認められています。

2.「ペレアスとメリザンド」の成立の背景

　「ペレアスとメリザンド」は、ベルギーの劇作家モーリス・メーテルリンク（1862年生まれで童話劇「青い鳥」で有名）が書いた戯曲で、1892年に出版されて1893年にパリで初演された。ドビュッシー（1862-1918）は、この戯曲が初演された頃からオペラ「ペレアスとメリザンド」の作曲に取り掛かっていた。イギリスの女優キャンベルは、ロンドンで「ペレアスとメリザンド」を上演し、自らはメリザンドを演じるにあたり、劇音楽が是非必要ということで、ドビュッシーに劇音楽の作曲を打診し、よい返事がもらえないと次の候補としてフォーレを考えていた。ドビュッシーはその依頼を断わるに際して、出版者のアルトマン宛の手紙で、次のように述べていた。

> 　私の音楽は彼らの公演には向かないように思えるのです。多くのものが詰め込まれると、混乱をきたすだけで、単に鈍重なものとなってしまいます。それにフォーレは、もう一つの『ペレアス』を作ったところで、何もできないに決まっている、スノッブで間抜けな連中の代弁者にすぎないのですから…。

　キャンベル夫人は、そこで1898年3月にロンドンに来ていたフォーレに作曲を依頼し、フォーレは承諾したが、フォーレはパリ国立音楽院での仕事やマドレーヌ寺院でのオルガニストとしての仕事でも多忙で、「ペレアスとメリザンド」のロンドン初演も迫っていた。そこで、オーケストレーションについては弟子のケックランの助けを借りて、1898年6月のロンドン初演に間に合わせた。

　1898年から1900年にかけて、フォーレは「ペレアストメリザンド」の付随音楽から「前奏曲」「糸を紡ぐ女」「メリザンドの死」の3曲を選んで管弦楽用の組曲とした。この時は、フォーレ自身がオリジナルの室内オーケストラ用から二管編成用に拡大して編曲し直した。1901年の初演後に「シシリエンヌ」「メリザンドの歌」の2曲を加えて5曲編成としたが、「メリザンドの歌」のみ声楽が入っているため、それをはずした4曲編成で演奏される方が多い。その繊細な美しさ、優しさなどのため、フォーレの管弦楽曲の中で最も多く演奏され

ている曲である。

3.「ペレアスとメリザンド」のストーリー

第1幕

中世ヨーロッパのアルモンド王国の国王の孫ゴローは狩に出たが、森の中で長い髪の若く美しい女性メリザンドが泣いているのを見つける。ゴローはメリザンドを連れ帰り、数日後にメリザンドを妻にすることを祖父の国王アルケルに求め、認められないなら王国を去ることを手紙で告げて、アルケルと母ジュヌヴィエーヴから結婚の許可を得る。メリザンドは城に案内されて、ゴローの弟の王子ペレアスと知り合う。

第2幕

メリザンドは城での生活が不安であったが、ペレアスと親しくなり城の庭の泉に行って、冷たい水と戯れる。そのうちにゴローからもらった指輪を誤って水の中に落としてしまう。狩からもどったゴローは、メリザンドの指に結婚指輪が無いことに気づき問い詰めるが、メリザンドは「海辺で落とした」と嘘をついてしまう。

第3幕

夜に城の塔の上でメリザンドが歌を歌いながら髪を梳かしているとペレアスが下から呼びかける。メリザンドが窓から体を乗り出すとメリザンドの長い髪が垂れ下がり、ペレアスはその髪を手にとって愛撫する。そこにゴローが通りかかり二人の行動をたしなめる。ゴローはペレアスにメリザンドの妊娠を告げて、メリザンドに近づかないように警告する。その夜、ゴローが先妻の子イニョルドを肩の上にもちあげて、メリザンドの部屋を覗かせると、そこにはペレアスも一緒にいたことがわかってしまう。

第4幕

ペレアスは明日遠くへ旅立つつもりで、その前に今晩泉で会いたいとメリザンドに告げる。アルケルは入れ替わりに入ってきて、メリザンドと話しメリザンドの境遇を哀れがる。そこにゴローがやってきてメリザンドをなじり、その髪を引きずり回すが、アルケルに制止されてゴローは部屋から出て行く。メリ

ザンドはもうゴローを愛していないことをアルケルに話す。夜になり、泉で待つペレアスのもとにメリザンドが現れ、二人は抱き合うが、そこへゴローが現れ、ペレアスを刺し殺し、メリザンドも傷を負ってしまう。

第5幕

子を産んで瀕死のメリザンドにゴローはペレアスとの仲を問いただす。「愛してはいたが、罪は犯していない」と答えて、メリザンドはその後一人になり静かに息を引き取る。泣き崩れるゴローにアルケルは「この子が代わりに生きるのだ」と慰め、生まれたばかりの子どもを抱いて出て行き幕となる。

4. 組曲の構成（4曲編成版）

1. 前奏曲（Prélude）

ト長調、3/4拍子。Quasi adagio、劇の第1幕があく前に演奏される。冒頭のメリザンドの主題は、優しさ、繊細さ、はかなさを象徴している。第2主題は「運命」の主題で、フルート、ファゴット、チェロによって奏でられる。フォルティッシモ・エ・アラルガンドでクライマックスになった後、静まりホルンが変ホの音を続けるところで劇では幕があくが、このホルンの角笛はゴローを暗示する。

2. 糸を紡ぐ女（Fileuse）

ト長調、3/4拍子、Andantiono quasi allegretto、第3幕のはじめに演奏される。糸を紡ぐ女とは、メリザンドのことで、実際オーボエで奏でられる旋律は、前奏曲冒頭のメリザンドの主題と関連が深い。弦による6連譜による細かい伴奏の動きが、糸を紡ぐ糸車の動きを象徴する。中間部のホルンで始まるト短調の旋律は、第4曲「メリザンドの死」の中のヴァイオリンによる悲しさをたたえた主題と関連があり、メリザンドの後の悲劇を暗示する。

3. シシリエンヌ（Sicilienne）

ト短調、6/8拍子、Allegretto molto moderato、第2幕でペレアスとメリザンドが泉のほとりで戯れる場面の前奏曲として演奏された。シシリエンヌはフランス語で、イタリア語ではシチリアーナ、すなわち「シチリアの」の意味で、6/8拍子か12/8拍子の付点リズムが特徴的な牧歌的な舞曲であ

る。もともとは、未完となった劇付随音楽「町人貴族」のために作曲されたものであるが、ペレアスとメリザンドの瞬時の幸せな場面の前に演奏される曲としても、違和感のない音楽である。フォーレ自身が、ピアノ・ソロ用、及びチェロとピアノのデュオ用にも出版しており、フォーレの曲の中でも最もよく知られた名曲である。

4. メリザンドの死（La Mort de Mélisande）

　ニ短調、3/4拍子、Molto adagio、第5幕への前奏曲として、メリザンドの死を予告する葬送の音楽。複付点8分＋32分音符というリズムが葬送を象徴するが、フォーレはこのような場合、基本的に上昇音程を使用して、悲しみを昇華していく。最後には、フルートが高貴な簡潔さを持った上昇音型によって、悲しみの中、天に昇っていく。

　　Ⅲ　バラード

　バラードというと、ピアノ曲の場合ショパンの作品が有名である。詩的な内容を含んだり、物語的なイメージを含んでいたりするが、幻想曲と同様、自由な形式によるものである。フォーレのバラードは当初、独立した小品から成る組曲として構想され、それが単一楽章の形式の曲となった。すなわち3つの性格の異なる主題が合体して幻想曲風の作品となっている。フォーレはクレール夫人に「一種の間奏曲として第2の旋律が発展し、3つの部分が一つとなるような方法で第3の前提が与えられるような手法」をこの作品で見いだしたと書き送っている。曲はリストに捧げられ、リストの方も「ガブリエル・フォーレに。高い評価と心からなる愛情をもって。フランツ・リスト」という謝辞を書き記した。

　ラヴェルはバラードについて、当時この曲をラヴェルのピアノ協奏曲と一緒によく演奏していたマルグリッド・ロンに「『バラード』は何て美しい作品なのだろう。うっとりしてしまう。私はフォーレの音楽を不当に評価していたが、結局よく知らなかっただけなのだ」と語った。

　曲は3部に分けて分析することができるだろう。第1部は冒頭から85小節

までで、前半は嬰ヘ長調、Andante cantabile でゆったりと美しく歌われる。1小節のチェロ・ソロをはさんで、後半は変ホ短調、Allegretto moderato でピアノの細かい動きを伴い、音楽に情熱的な雰囲気が加わる。前述のフォーレが述べた第2旋律とは、この第1部後半の第2主題のことである。第2部は86小節から最初18小節の導入部分（先のフォーレの手紙にある「第3の前提」に相当する）をはさんで160小節まで続く。Allegro、4分の4拍子の中心部分はロ長調で、最も力強く主題が展開され曲想も盛り上がる。第3部は161小節から最後（270小節）までで、第2部の導入部分8分の6拍子（Andante）の第3主題で始まり、第2主題と共通点の多い新たな主題が共に展開されて、嬰ヘ長調の響きの中で幻想的、詩的に終わる。ネクトゥーは、最後の部分について「この騒がしい鳥の歌声と微かに揺れ動く木の葉の情景は、金色に染められた霞を通して柔らかに差し込む陽光の中に浸っているが、この自然の描写は深い内面を通じて表現されたものにほかならない」と述べている。

おわりに

　フォーレは1908年に次男宛の手紙の中で、「芸術とは、人が望むさらに良いもの、現実を超越したあらゆるものを表現しようとする努力の中から生まれてくるものではないだろうか。私にとって芸術、とりわけ音楽は、可能な限り人間を今ある現実から引き上げてくれるものなのです」と書いています。フォーレのレクイエムなどは、現実を超越し、至福の世界に導いてくれる曲として、いつまでも愛されると信じて疑いません。

　私たちはこれまでフォーレのレクイエムを既に2度演奏できるという幸せに恵まれましたが、とりわけ2020年1月26日に開催される植村茂先生追悼記念演奏会において、フォーレのレクイエムを植村茂先生と関わりの深かった方々と演奏できることに対して、植村先生をはじめ、皆様に心から感謝を申し上げます。

第 **12** 章

ラヴェル

― 「ダフニスとクロエ」 など ―

は じ め に

ラヴェル（1875-1937）の「ダフニスとクロエ」「ラ・ヴァルス」はラヴェルの代表作ですが、それ以上に 20 世紀前半のフランス音楽を代表する傑作、つまりフランスがそれまでのドイツ・オーストリアにかわりクラシック音楽をリードするようになった時代の代表作といってもよいでしょう。

I ラヴェルの生涯

ラヴェルはフランス・バスク地方（フランスの南西部でスペインとの国境に近い）で 1875 年 3 月 7 日に生まれたが、3 か月後にはパリに移った。ラヴェルは幸せな少年時代を過ごした後、1889 年にパリ音楽院に入学した。パリ音楽院でフォーレらのもとで作曲を学び、当時としては長期間、厳格なアカデミックな訓練を受けた。その修業時代に「水の戯れ」「亡き王女のためのパヴァーヌ」、弦楽四重奏曲などの名作を作曲したが、作曲コンクールでは予備審査ではねられるなど冷遇され、一審査員の弟子ばかりが入賞したため、ラヴェル事件として社会の反響を呼んだ。なおラヴェル事件の影響もあり、パリ音楽院での改革のうねりが起こり、フォーレが 1905 年にパリ音楽院の院長に就任することになった。

ラヴェル事件のあった 1905 年から第一次世界大戦が始まる 1914 年までは、

ラヴェルの創作の最も活発な時期であった。「ダフニスとクロエ」や「マ・メール・ロア」をはじめ、傑作の作品が次々に作曲された。ただ、1912年の「ダフニスとクロエ」の初演直後、ラヴェルの健康状態が不眠症もあり極度に悪化した時期があった。1914年から4年にわたる大戦は、愛国心の強いラヴェルにとっても苦難の時代であった。ラヴェルは自ら志願して、トラック輸送隊の運転手となるが、ストレスが極度に強く、当時次のように手紙で書いていた。

> 私は幻覚のような光景を目にしたのです。悪夢のような、恐ろしいほどに無人で、音のない町を。…たぶん、私はもっと恐ろしく不快な光景を見ることになるのでしょうが、この無音の恐怖ほど深く奇妙な感情をいだくことは決してないと思います。

プーランクは「ラヴェルは冷淡な人間を装おうとしていましたが、優しい心、じつに優しい心をもっていた人でした」と述べているが、ラヴェルのような優しい人間にはとりわけ、戦争の体験は酷なものであったと思われる。

1917年に母の死去という生涯最大の悲しみを経験したラヴェルは、戦争で倒れた仲間たちの想い出に捧げた「クープランの墓」を作曲した。その後、しばらくラヴェルはどん底の状態で、3年近く作曲できなくなっていたが、1919年末にはラ・ヴァルスの作曲に取り組み、1920年に完成させた。ラ・ヴァルスの作曲を始めた頃、友人に「半狂乱になってワルツを踊っている」と書いていたが、また手紙で母親のことについて次のように書いている。

> 彼女が亡くなってもうすぐ3年になりますが、私の絶望は日ごとに深くなっていきます。仕事を再開してから、さらに痛感しています―私を黙って限りないやさしさで包み込んでくれる大切な存在がもういないことを。かつてないほどわかるのですが、それこそ私の唯一の生きがいだったのです。

その後、ラヴェルの作曲には困難を伴い、1年に1作というペースで作曲し、管弦楽を含んだ作品としては、ボレロ（1928年）と2つのピアノ協奏曲（1931年）しか作曲していない。1928年におけるアメリカでの演奏旅行は大成功を収めた。1932年、タクシーの衝突事故に巻き込まれたが、健康状態は一時回

復した。しかし以後作品を完成することはできず、1933 年以降には、健康状態は徐々に悪化し（当時、運動失調症と失語症と診断された）、1937 年 12 月 28 日に 62 歳で亡くなった。

II　ラヴェルの音楽的特徴

音楽史上、ラヴェルはドビュッシーとともに印象派の両巨星とされているが、二人の作風は対照的であり、互いに相手の音楽を高く評価すると同時に、二人の人間関係は親密なものではなかった。

ラヴェルの音楽の特徴として、ジャンケレヴィッチは、賭けの美学（ボレロがその象徴である）、職人的技巧、リズムの厳格さ、好奇心あふれる和声などについて報告し、ラヴェルの作品には「自然」「異国趣味」「模作」「舞踊」という 4 つの主要な仮面が認められるが、いかに仮面で隠そうとしてもラヴェルはあまりにも情熱と愛に満たされた人間であったことが露見しているという。クラングソルは、「ラヴェルのビロードのチョッキの下に、皮肉っぽくやさしい心臓が鼓動している」と語っている。このようにラヴェルの音楽の大きな特徴は、芸術的完璧主義、及び即物的表現とその背後にある人間的暖かさだと思われる。ラヴェルは作曲の過程について、以下のように述べている。

> 最初の一筆が書かれた時から、削除の過程が始まります。（中略）真の芸術というものは定義によって理解されるものでも分析によって明らかにされるものでもありません。私たちはそれの現れを感じとり、その存在を知覚するのです。それ以外の方法で理解されることはありません。

この表現の厳しい探求のため、ラヴェルの作品数は比較的少ない。ラヴェルは、芸術家はめったに結婚に向いていないと述べ、生涯独身であったと同時に、子どもが大好きであった。ラヴェルにとって、最も崇拝された作曲家はモーツァルトであり、モーツァルトからシューベルト、メンデルスゾーン、ビゼー、マスネ、グノー、シャブリエ、サン・サーンス、サティ、そしてフォーレに至る路線が、ラヴェルの美学に近かった。また若い作曲家に以下のような

助言をしばしばしている。

　　　もし自分に何も語ることがないなら、作曲するのを永久にやめる決心をするま
　　では、従来うまく語られてきたことを繰り返す以上のことはできない。何か語る
　　ことがあるのなら、その何かは、君が知らず知らずのうちにモデルに忠実でなく
　　なったときに最も明確に現れるのだよ。

　さらにラヴェルは、「『天才』の本質、つまり、芸術創造の本質とは、直感、
または感性によってのみ構成されうるものである」と記し、「実際のところ、
音楽には2つのタイプしかない。喜ばせるものと退屈させるものである」と
断言したこともある。このような音楽観から、ラヴェルは自分自身に完璧さを
求め続けた。ラヴェルのあらゆる作品にその完璧主義は認められるが、その象
徴は「ボレロ」だろう。1928年に作曲された「ボレロ」では、同じ旋律、同
じリズムが、最後の8小節を除き332小節、転調もなく延々と繰り返される。
失敗したら単調きわまりないような危険な実験を成功させる裏には、ラヴェル
の最高の管弦楽法、そして計算し尽くされた楽曲構成がある。
　曲の最後における圧倒的クライマックス（エクスタシーの瞬間）に向けて、
曲の構造をつくるという点、そして舞踏的作品という点では、「ダフニスとク
ロエ」（1909-1912年作曲）、「ラ・ヴァルス」（1919-1920年作曲）、「ボレロ」
（1928年作曲）は、共通の特徴を持っている。いずれもラヴェルならではの傑
作である。

　　Ⅲ　「ダフニスとクロエ」

1.「ダフニスとクロエ」

　まずラヴェル自身が1928年に口述したものに基づく「自伝素描」から「ダ
フニスとクロエ」について述べているところを引用する。

　　　《ダフニスとクロエ》は、3部からなる舞踏交響曲で、ロシア・バレエ団の団長

であるセルゲイ・ディアギレフ氏から、私は注文を受けた。この梗概は、この有名なグループの振付師であるミハイル・フォーキン氏の案である。音楽を書きながら私がめざしたのは、古代の模倣を心がけるよりも私の夢想のうちにあるギリシャに忠実であるような、巨大な音楽のフレスコ（壁画）を作曲することだった。その壁画は、18世紀末のフランス画家たちが想像し、描いたものに、いわばおのずと似通っている。音楽は、きわめて厳格な調の設計にもとづき、少数の動機を用いて、交響音楽として組みあげられた。動機の展開が、作品の交響的な均質性を保証している。1907年（むしろ1909年）に下書きを書き、何度も筆を加えて仕上げたが、ことに終曲がそうだった。この作品は、まずロシア・バレエ団の舞台に登場した。いまでは、オペラ座の演目である。

この原作は、ロング作「ダフニスとクロエの田園物語」で2～3世紀のものとされている。

曲は3部からなっており、以下のようなストーリーがある。

第1部　パンの神とニンフの祭壇の前

祭壇にそなえる踊りに続いて、娘たちがダフニスを、若者たちがクロエをかこんで踊る。クロエに言い寄る牛飼ドルコンをダフニスがさえぎり、クロエに近づく。ダフニスとドルコンは踊りの優劣によりクロエを争うことになり、ダフニスがクロエのくちづけを得る。海賊が来襲し、クロエを拉致する。続く「夜想曲」では、3人のニンフ（水や森の妖精）が絶望のあまり卒倒したダフニスを助けおこし、パンの神（ギリシャ神話の牧畜の神）に祈らせる。ア・カペラの合唱による「間奏曲」が続く。

第2部　海賊の陣営

海賊たちによる「戦いの踊り」の中で、クロエは踊って海賊の首領に許しを乞い、一方で脱出のおりをうかがうが、果たせずあわや犯されるという時、雰囲気が一変する。多くの山羊が登場し、そのうえ大地が避けてパンの神の巨大な幻影があらわれるので、海賊たちは先を争って逃げる。

第3部　第1部と同じ祭壇の前

　静寂な「夜明け」の光景の中で、羊飼いたちがダフニスを起こし、ダフニスは連れてこられたクロエと歓びの再会を果たす。老羊飼いが、パンの神はかつて愛したシリンクスの思い出ゆえにクロエを助けたのだと教える。パンの吹く葦笛にシリンクスの気持ちが高まり、やがて彼女の方からパンの腕のなかに飛び込むという成り行きをダフニスとクロエが演じる（「無言劇」）。祭壇の前でダフニスがクロエへの愛を誓い、その後全員が歓喜のバッカナールを踊る（「全員の踊り」）。

　ラヴェルは全曲完成の後、演奏会用の組曲として、まず「夜想曲」「間奏曲」「戦いの踊り」からなる第1組曲を作り、次に「夜明け」「無言劇」「全員の踊り」からなる第2組曲を作った。

2. 第31回定期演奏会における「ダフニスとクロエ」の演奏箇所とその意図について

　「ダフニスとクロエ」で最も演奏される機会が多いのは、第3部を合唱なしで演奏する第2組曲である。次いで多いのが、全曲をもちろん合唱付きで演奏会形式で演奏する方法である。バレエで「ダフニスとクロエ」が公演されるのはかなり稀で、バレエで大編成の管弦楽と合唱を伴うことの大変さ、また踊りやすい音楽とは言えないことなどが原因として考えられる。第1組曲は現在演奏されることはない。

　第31回定期演奏会では、通常演奏される第2組曲を基盤としながら、2つの点で独自の版で演奏した。一つは、「夜明け」の前の第2部の後半、つまり「雰囲気が一変して、多くの山羊が登場し、そのうえ大地が避けてパンの神の巨大な幻影があらわれるので、海賊たちは先を争って逃げる」のところから演奏することにした。音楽史上最も美しい表現とまでいわれている「夜明け」の美しさは、それまでの音楽的な流れがあることにより際だつためである。

　もう一つは合唱付きで演奏したことである。第2組曲として演奏する場合、通常は合唱は参加しない。しかし、ラヴェルの「ダフニスとクロエ」における熱狂、エクスタシー（特に「全員の踊り」）、包容力（特に「夜明け」）を音楽

的に表現するために、合唱の存在は不可欠に思われる。

3. おわりに

　第31回定期演奏会における「ダフニスとクロエ」の演奏は、これまで何度も共演させていただきました4つの合唱団、すなわち、ヴォーカルアンサンブル《EST》、合唱団「うたおに」、カンマーコール伊勢、やちまた混声合唱団のご出演があって可能となったもので、三重県でこのような形で演奏できるのは、これからもほとんどないかもしれません。

Ⅳ 「亡き王女のためのパヴァーヌ」とラ・ヴァルス

1. 亡き王女のためのパヴァーヌ

　1899年にピアノ独奏用に作曲され、1910年に管弦楽用に編曲された。パヴァーヌは、16～17世紀に流行した4分の2拍子の荘重な舞曲であるが、「亡き王女のための（pour une Infante defunte）」という題名の残りの部分は、ラヴェルが畳韻法（同一または類似の子音を繰り返して詩句の効果とすること）を楽しんでつけたとされている。ラヴェルは「私は『亡き王女のためのパヴァーヌ』について語ることになんの気兼ねも覚えない。それは非常に古風なので、その時間的な鑑賞距離がそれを作曲家から批評家の手にゆだねてしまうのである。わたしはその欠点にはたくさん気づいている」と語っている。

　このようなラヴェル自身の強い自己批判にもかかわらず、このパヴァーヌは人々の心を慰め癒す曲として、その教会旋法的な響きととも、広く人々に愛され続けている。

2. ラ・ヴァルス

　ラ・ヴァルスは、10年以上もその構想があたためられていたが、1919年から1920年にかけて作曲された。それに先立ち、同じ時期にピアノ独奏用と2台ピアノ用の2種類の楽譜でも作られた。ラヴェルは次のように語っている。

　私はラ・ヴァルスをヴィンナ・ワルツの一種の礼賛として考えついたが、心の中では幻想的な、また運命の定めを逃れられぬ、旋回の印象をまぜあわせている。

　うずまく雲の切れ目から、ワルツを踊るカップルたちの姿がときおり垣間見える。雲は少しずつ晴れてくる。輪を描きながら踊る人々であふれかえる広間が見える。光景は徐々に明るくなっていく。シャンデリアの光は燦然と輝く。1855年頃の皇帝の宮殿。

　ラ・ヴァルスは中断されない一連のワルツで構成されているが、二つの大きい部分に分けることができ、様々なワルツの旋律が現れる前半の部分は、さらに3つに、最初の主題の再現で始まる後半の部分は2つに分けることができる。後半は新しい要素はほとんど現れず、「破滅的な旋回」に向かい熱狂的に盛り上がっていく。

　ラヴェルは自己の内面の真実は語らなくてよいように、物について語るが、この「幻想的で破滅的な旋回」によって、第一次世界大戦の混乱と母の死に対する悲しみを純化しているのかもしれない。この曲の冒頭の不気味な暗い響き、そして最後の異常な緊張状態と高揚は、ラヴェル後期の作風であり、「左手のためのピアノ協奏曲」につながるものである。

第13章
バーンスタインの『ウェスト・サイド・ストーリー』

は じ め に

　伊勢管弦楽団の第29回定期演奏会では、レナード・バーンスタイン作曲のミュージカル「ウェスト・サイド・ストーリー」より「シンフォニック・ダンス」を演奏しました。1961年に封切られた映画「ウェスト・サイド・ストーリー」については、筆者自身若いときに何回も映画館に足を運び、深く感動しました。ミュージカル「ウェスト・サイド・ストーリー」は、私たちの前にまず映画で衝撃的に登場しました。この映画をみて、素晴らしい音楽、圧倒的なダンス、たった48時間のドラマでの出会い、愛、死という脚本が観客の心をつかんでしまうその技術、そして何よりも主役一人と重要な脇役二人が亡くなるものの、ロミオとジュリエットのように、主役二人とも死んでしまうのではなく、マリアが平和の祈りの中に力強く生きていくその姿に、感動の涙が止まらなかった体験をした人は多いのではないでしょうか。

Ⅰ　バーンスタインの生涯

　バーンスタインは、1918年8月25日、マサチューセッツ州ローレンスでユダヤ系ロシア移民の両親のもとに生まれた。父親サミュエルは、裕福な家庭生活を得るために実業家として奮闘したが、芸術にはそれほど興味を示さなかった。母親ジェニーは聡明であったが、家事を怠けたりし、金銭面でサミュエル

とは口論が絶えなかったという。10歳の時、叔母が引っ越しの際、ピアノをバーンスタインの家に残していったことをきっかけに、バーンスタインの音楽との深い関わりが始まった。バーンスタインが音楽に情熱を示すようになっても、サミュエルは、バーンスタインが自分の跡を継ぐ勉強をせずに、音楽の道に進むことに反対し、経済的な援助も十分にはしなかった。1930年代、バーンスタインがまず情熱を示したのはピアノに対してであり、ハインリッヒ・ゲブハルト、ヘレン・コーツというピアノ教師のもとで学び、1935年にハーヴァード大学の音楽専攻課程に進んだ。ハーヴァード大学は、知的刺激や実業的なつながりは豊かなものの、音楽的には、ニューヨークのジュリアード音楽院よりは劣っており、父親をなだめるための妥協的な進路であったと考えられている。

　1937年、バーンスタインはラヴェルのピアノ協奏曲でピアニストとしてのデビューを果たすが、同じ年、指揮者ミトロプーロスとの出会いの中で、作曲の才能を磨くようすすめられ、また1940年にはボストン交響楽団の指揮者クーセヴィツキーの指導のもと、指揮者への修行を始めた。1942年、交響曲第1番「エレミア」を完成させ、翌1943年、ニューヨーク・フィルハーモニック（以下フィルハーモニックやフィルハーモニー管弦楽団はフィルと略称）の副指揮者を音楽監督のロジンスキーから薦められて2か月務めたが、指揮者ワルターの急病のため急遽代役でニューヨーク・フィルを指揮し大成功を収めた。

　この後バーンスタインは指揮者として、アメリカ各地、そしてイスラエル（当初パレスティナ）のような外国でも指揮者としての活動を広げると同時に、「オン・ザ・タウン」などミュージカルの作曲も続けていった。バーンスタインが作曲家として最も成功を得たのは、1957年のミュージカル「ウェスト・サイド・ストーリー」においてであった。「ウェスト・サイド・ストーリー」は1949年に作曲を始められたが、他の仕事も多く、またブロードウェイでは、悲劇は当たりをとることができないという伝統から興行への悲観的見通しなどもあり、当初作曲は進まなかった。しかし数年後にこの作曲は、ほとんど一気に完成に近づき、1956年の11月にはほとんど完成した。1957年9月のブロードウェイにおける初演では、当初の危惧にもかかわらず大成功をおさめた。そ

の後、映画「ウェスト・サイド・ストーリー」がアカデミー賞（最優秀作品賞以外にも9部門受賞）を受賞したこともあり、バーンスタインの名声はクラシック・ポピュラーを問わず、国際的なものとなった。

　家庭的には、1951年俳優フェリシア・モンテアレグレ・コーンと結婚し、二人の間には3人の子どもが生まれた。指揮者としては、1956年にニューヨーク・フィルの主席指揮者に就任、1969年までその地位に留まった。なおフェリシアについて、バーンスタインは晩年に、「私はかつてどんな女性もフェリシアのように愛したことはありません。それは輝かしく優しく聡明な人で、天使そのものでした」と回想している。

　1970年、ニューヨークの自宅でバラック・パンサー党の資金調達の会合が開かれた。これは、妻のフェリシアが公民権運動の一環として支援しようとしていたものであるが、バラック・パンサー党が、革命を志向する危険な評判の悪いグループであったため、バーンスタインもマスコミから批判されることになった。ニューヨーク・フィルの主席指揮者を退任した最大の理由は、作曲活動に時間をかけたいということであった。ニューヨーク・フィルの指揮活動のため多忙であった1960年代より、1970年以降、曲数は増えるものの1940年代の交響曲第1番「エレミア」、1950年代の「ウェスト・サイド・ストーリー」におけるような名声を獲得することはできなかった。同じく作曲家兼指揮者で、バーンスタインが生涯にかけて最も情熱を注いだマーラーに比べて、バーンスタインには、シリアスな領域での作曲において、後世に残る名曲として認められている曲がないというのは、最も大きなコンプレックスであったと思われる。1970年頃から作曲し1971年に初演をしたミサ曲などに対しては批判も多く、結局活発な指揮活動をウィーンを始めとして世界中に移すこととなっていった。また当時から、スタジオ録音が激減し、ライブ録音が中心となっていった。

　1970年代の後半、バーンスタインにとって最も危機的な時代となった。マイヤーズが述べているように、バーンスタインは伝統的な家族の絆に強い意識をもつバイセクシュアルであった。フェリシアは、彼の不倫関係を強いて責めようとはしないものの、それらについて確実に把握し、バーンスタインに忠告

していた。1976年から1977年にかけて1年間近くバーンスタインは男性の愛
人とともに暮らし、フェリシアと一時別居生活となった。その別居生活の間に
フェリシアの肺癌が発症し、1978年6月16日にフェリシアは亡くなった。自
責の念から、喪中から同年8月25日の60歳の誕生日まで、バーンスタインは
公の場に姿をみせなかった。バーンスタインの60歳記念のコンサートは、友
人のロストロポーヴィッチが常任指揮をしているワシントン・ナショナル交響
楽団の資金援助の目的もあったため実施された。そのコンサートの幕間で知人
からフェリシアの生前の苦しみなどを聞かされたバーンスタインは、ベートー
ヴェンの3重協奏曲を指揮したが、当時のことを後日以下のように語った。

　　　指揮台に上がった時、私は、世界全体が自分の頭の上に崩れ落ちるように感
　じました。そして私は、もはや以前のような指揮者ではありませんでした。誰が
　ベートーヴェンなのかもわからず、私がしていることにどんな意味があるかも、
　わからなくなってしまったのです。
　　　1978年は私の生涯で最悪の年でした。私にはもう指揮することも作曲すること
　もできませんでしたし、絶えず一種の罪悪感に責め苛まれていました。そうした
　感情を私はいまだ完全に拭えないでいます。彼女の病気の引き金を引いたのは私
　だったのか？　（中略）彼女の死は私に責任があると感じています。

　この後、子どもたちの誘いで、ジャマイカに旅行し、音楽への情熱を取り
戻したバーンスタインは、1979年には、生涯で初めてベルリン・フィルを指
揮しマーラーの交響曲第9番の名演を聴かせ、1980年にはボストン交響楽団
100周年のためディベルティメントや、戦死したイスラエルのフルート奏者に
捧げられた「ハリル」を作曲するなど、仕事に没頭していった。1980年から
1983年にかけて、唯一のオペラ「静かな場所」を作曲したが、初演時の聴衆
や評論家の反応は、バーンスタインを失望させるものであった。
　しかし、バーンスタインの活動は、指揮や作曲のみならず、仲間とのパー
ティーまでも、健康を無視したペースで続けられた。世界市民としての自意識
も強く、1989年にはベルリンの壁の崩壊を記念するコンサートで、ベートー
ヴェンの交響曲第9番を指揮したが、健康状態は当時から進行性の肺気腫の

ため徐々に悪化していた。1990年、札幌での若い音楽家を育てるためのパシフィック・ミュージック・フェスティバルを指揮し終えた3か月後、10月14日、72歳の生涯を閉じた。

Ⅱ　バーンスタインの作品

バーンスタインは、インタビューで作曲について次のように語っている。

　　作曲する時、私はつねに耳を傾けてくれる人のことを考えています。私は、聴いてもらい、味わってもらい、吸収してもらえるはずだと考えずには一音符たりともけっして書きはしません。（中略）私はいまだかつて自分自身のためには一音符も書いたことがありませんし、それはあらゆる作曲家の義務だと思っています。そのようなわけで、先程私たちがそう語り合ったように、ポピュラー音楽の伝統を受け継ぐといううことも重要なのです。

　　私にとって、調性は音楽の本質そのものだと言うだけで十分でしょう。（中略）調性を否定することは人間の本質、人間の基本的な方針や感情を否定することに帰着するのではないでしょうか。愛情や友情や信仰を否定する覚悟ができている人などいるのでしょうか？

　　私が全生涯をかけて書いてきた作品は、私たちの世紀の危機、すなわち信仰の危機によって生じた闘争を描いたものなのです。

バーンスタインの作曲様式は、マイヤースが述べているように、ヘブライの礼拝、クラシックのレパートリー、ジャズ、ポピュラー・ミュージックの混合物であった。その基本的な要素は変わらなかったが、その中でバーンスタインは様々な実験を重ねていった。（表1）

バーンスタインの音楽活動については、「ウェスト・サイド・ストーリー」が驚異的な人気を博した以降の時代では、10年間という単位で作曲活動についても考えることができるだろう。そして、60年代、70年代、80年代の前半にそれぞれ交響曲第3番「カディッシュ」、ミサ曲、「静かな場所」という大作が作曲され、それらがそれぞれの時期を代表しているようにみえる。しかし、これらの作品はすべて、初演時から賛否両論があり、高く評価された作品では

表 1　バーンスタインの主要作品

曲目〈ジャンル〉	作曲年代（初演年代）	演奏時間（分）
交響曲第 1 番「エレミア」	1942（1944）	25
ファンシー・フリー〈バレエ〉	1944（1944）	27
オン・ザ・タウン〈ミュージカル〉	1944（1944）	
ファクシミル〈バレエ〉	1946（1946）	19
交響曲第 2 番「不安の時代」	1947 〜 1949（1949）	35
タヒチ島の騒動〈オペラ〉	1951（1952）	
セレナード〈ヴァイオリン協奏曲〉	1954（1954）	30
キャンディード（初版）〈ミュージカル〜オペレッタ〉	1954 〜 1956（1956）	
ウェスト・サイド・ストーリー〈ミュージカル〉	1955 〜 1956（1957）	
交響曲第 3 番「カディッシュ」	1962 〜 1963（1963）	39
チチェスター詩編〈合唱曲〉	1965（1965）	19
ミサ曲	1970 〜 1971（1971）	
ディバッグ〈バレエ〉	1974（1974）	48
ペンシルヴァニア街 1600 番地〈ミュージカル〜オペラ〉	1974 〜 1975（1976）	
ソングフェスト〈連作歌曲〉	1977（1977）	43
ディヴェルティメント〈管弦楽曲〉	1980（1980）	15
ハリル〈フルート協奏曲〉	1980 〜 1981（1981）	16
静かな場所〈オペラ〉	1982 〜 1983（1983）	
アリアとバルカローレ〈歌曲集〉	1988（1988）	
オーケストラのための協奏曲（ジュビリー・ゲームズから改作）	1985 〜 1989（1989）	30

（なお、バレエ曲などの演奏時間は、管弦楽のための組曲に改編されたものの時間である。演奏時間は、バーンスタイン自身による演奏が残されているもののみ記した。またジャンルも便宜的につけただけのものである）

なかった。

　中年期危機を経た後の 1980 年代の作品においても、その実験的性格、多くのジャンルの音楽の混合、騒然とした部分と宗教的な深淵な部分の混在といった特徴のためもあるのだが、大曲ほど混沌としたイメージを与えることが多い。一曲の中に矛盾を抱えたその傾向は、最後の大作である「オーケストラのための協奏曲」まで続いていた。しかし、規模の少し小さい作品などには名曲もあり、フルート、弦楽器、打楽器のためのノクターン「ハリル」では、調性

と非調性の衝突の中で、すばらしく詩的な部分がある。ディベルティメントにおいても、誰にも愛されるようなワルツのような珠玉の小品も作曲していた。バーンスタイン自身は、晩年に作曲した「アリアとバルカロール」を最も美しいものと語っている。

Ⅲ　ウェスト・サイド・ストーリーよりシンフォニック・ダンス

1．ミュージカル「ウェスト・サイド・ストーリー」について

（1）成立の経過

　1949年にジェームス・ロビンス（原案・振付・演出担当）は、レナード・バーンスタインと劇作家アーサー・ローレンツとともに、「ロミオとジュリエット」の現代ミュージカル版「イースト・サイド・ストーリー」を作り始めた（この3人とも1918年生まれで当時31歳という若さであった）。内容としては、ニューヨークのイースト・サイドでのストリート・ギャングの抗争（宗教間の対立）を背景に、ユダヤ人の若者とカトリック教徒のイタリア人の娘とのロマンスを描く作品であった。しかし、3人がそれぞれ多忙すぎて制作が延期され、6年後に再開されたものの、題材が時代遅れとなっていたため、舞台をウェスト・サイドに移し、ニューヨーク生まれのポーランド系の若者と、ニューヨークに来たばかりのプエルトリコ人の娘とのロマンス（人種対立による悲恋）に変更された。この時、バーンスタインは作詞を、スティーヴン・ソンドハイムに依頼した。初演はニューヨークのブロードウェイで1957年にされて、初演前の危惧に反して大成功を収めた。

（2）物語のあらすじ

　トニーは、かつてストリート・ギャングのジェット団の仲間だったが、今はグループから距離を置き、真面目に働いていた。ジェット団の現リーダーで親友でもあるリフの強い願いで、ダンス・パーティーに参加した。そこでトニーはマリアという名の女性に会い、お互いに強く惹かれ合ったが、マリアは

ジェット団と対立しているプエルトリコ人のグループ、シャークス団のリーダーであるベルナルドの妹で、シャークス団の一員であるチノと結婚するために故郷からやって来たばかりであった。二人は、マリアの家の非常階段をバルコニーに見立てた場面で、愛の歌「トゥナイト」を歌う。

　一方、ジェット団とシャークス団は決闘を行うことになっていた。リフとベルナルドが決闘をしているところに、トニーはマリアの依頼のため止めに入ったが、親友リフがベルナルドに殺された後、逆にベルナルドを殺してしまう。対立が激化し、マリアの親友でベルナルドを愛していたアニタも、トニーを非難し、二人の間を遠ざけようとした。アニタはマリアに説得されて（ここでA Boy Like That and I Have a Love が歌われる）、トニーに連絡を取ろうとするが、その時にジェット団にもてあそばれ、怒ったアニタは「マリアが嫉妬したチノに殺された」と嘘を言ってしまう。その言葉に半狂乱となったトニーが「チノ、僕を殺せ」と叫んでいるところにマリアが現れるが、その瞬間にトニーはチノの拳銃でうたれ、マリアの腕の中で息絶えた。亡骸に泣き崩れるマリア。最後は、トニーの遺体をジェット団とシャークス団が一緒に運び、祈りと和解が象徴されて劇は終わる。

（3）ミュージカル「ウェスト・サイド・ストーリー」の構成と時間進行

　2幕からなっており、1幕が約90分、2幕が約45分かかる。わずか2日のドラマであり、以下のような構成となっている（括弧内は時間を示し、代表的な音楽を付記した）。

〈1幕〉

1場：街角（17：00）Prologue, Jet Song

2場：中庭（17：30）Something's Coming

3場：ブライダルショップ（18：00）

4場：体育館（22：00）Mambo, Cha-Cha, Meeting Scene, Maria

5場：路地（23：00）Balcony Scene（Tonight）, America

6場：ドラッグストア（24：00）Cool

7場：ブライダルショップ（17：30）One Hand, One Heart（7場からは2

日目となる）

8場：近所（18：00-21：00）Tonight（Quintet）

9場：ハイウェイの高架下（21：00）Rumble

〈2幕〉

1場：マリアの寝室（21：15）I Feel Pretty, Somewhere

2場：裏通り（22：00）Gee, Officer Krupke

3場：マリアの寝室（23：30）A Boy Like That and I Have a Love

4場：ドラッグストア（23：40）

5場：地下室（23：50）

6場：街角（24：00）Finale

2. シンフォニック・ダンス

　シンフォニック・ダンスは、1961 年にステージでのミュージカルにおいてオーケストレーションを担当したシド・ラミンとアーウィン・コスタルによって、バーンスタインの監修のもと編曲が行われた。以下の曲が交響的な接続曲風にまとめられている。特徴としては、クラシック、ジャズ、ポピュラー・ミュージック、ラテン音楽などが混合されており、ラテン音楽の打楽器（ボンゴ、ティンバレス、マラカス、コンガなど）が数多く使用されている。

（1）　プロローグ prologue
　舞台でも映画でも最初に現れる2つの不良少年グループとその対立を象徴するシーン

（2）　何処かで somewhere
　舞台では第2幕1場の幻想的なバレエダンスシーンで、不良少年グループが友情に目覚めて和解するという夢のシーンで歌われ、映画では二人の殺人が起こってしまった後、許されない恋に陥ったトニーとマリアが祈りをこめて歌う曲となっている。マンボへの移行部では、舞台・映画最後のトニーの亡骸が運ばれていくシーンの音楽も使われている。

（3）　マンボ mambo

　体育館でのダンスで踊られる現実的・競争的なダンス。マンボは、1940年代にキューバで始まったダンス音楽で、強烈な和音と明確なリズムを持っている。4拍子で4拍目が休符となっている。

（4）　チャチャ cha-cha

　同じく体育館でのダンスで、トニーとマリアが初めて会うシーンを伴奏している。チャチャもキューバのダンス音楽で、歯切れのよいリズムが特徴で、日本語ではチャチャチャの方が一般的である。

（5）　出会いの場面 meeting scene

　2人の初めての会話の背景に使用されている音楽。トニーが出会いの後で一人で歌う「マリア」の音楽が変奏されて使われている。

（6）　クール cool

　ジェット団のメンバーにクールになるように諭しながら歌われ、踊られる曲。舞台では決闘前に置かれているが、映画では決闘後に復讐心にかきたてられる仲間を落ち着かせようと歌われる。バーンスタインは、ジャズとフーガの技法を見事に融合している。

（7）　乱闘 rumble

　グループ同士の最後の乱闘の音楽で、最後のクライマックス（カタストロフ）の部分は、ベルナルドがリフを刺すところにあたる。

（8）　フィナーレ finale

　ウェスト・サイド・ストーリーの音楽は、非常に説得力・表現力があるが、トニーがチノの銃撃により命を落とした後に奏でられる音楽は、後述するように控えめで短い。その祈りをバーンスタインは、沈黙によって表現しようとしたのだろうか。このフィナーレでは、マリアがアニタを説得する時に歌われる

歌、「私には愛した人が I Have a Love」による音楽が中心に使われている。この場面での音楽、「あんな男に A Boy Like That」〜「私には愛した人が I Have a Love」は、ミュージカル全曲でも最も魅力的な曲であるが、映画よりも舞台でのナンバーの方が、さらに素晴らしい。

3. ミュージカル全曲版のスコアより

（1） 編成について

　2009 年夏に日本で計 25 回公演された「ウェスト・サイド・ストーリー」の 50 周年記念ツアーでは、指揮者を除き、東京公演で 26 人の奏者、名古屋と西宮における公演では、23 人の奏者でオーケストラは演奏された。これは、スコアの指示より若干少ない。スコア上では、リード楽器 5 人、ホルン 2 人、トランペット 3 人、トロンボーン 2 人、打楽器が 5 人、ピアノ（チェレスタ）1 人、ギター 1 人、ヴァイオリン 6 人、チェロ 4 人、コントラバス 1 人の計 30 人となっている。ただリード楽器は、1 番がピッコロ、フルート、アルト・サキソフォーン、バス・クラリネットの持ち替え、2 番がクラリネット、バス・クラリネットの持ち替え、3 番がピッコロ、フルート、オーボエ、イングリッシュ・ホルン、テナー・サキソフォーン、バリトン・サキソフォーン、クラリネット、バス・クラリネットの持ち替え、4 番がピッコロ、フルート、ソプラノ・サキソフォーン、バス・サキソフォーン、クラリネット、バス・クラリネットの持ち替え、5 番がファゴットとなっている。

　バーンスタインは、作曲当初、もっと大きな編成で上演することを計画していた。しかし初演劇場「ウィンター・ガーデン」のオーケストラ・ピットは狭く、バーンスタインは管楽器のパートなどを簡略化しなければならなかった。2009 年のツアーでもリード楽器（木管楽器）は 5 人で演奏されたが、ミュージカルの木管奏者はいかに多くの楽器をこなす必要があるかがわかる。ミュージカルでは、またクライマックスにおけるオーケストラの迫力は、金管楽器や打楽器に頼ることになってしまうという問題もある（このことはミュージカルを演奏会形式ですることを企画する場合の大きな問題ともなる）。

（2）　全曲の最後について

　ウェスト・サイド・ストーリーは「ロメオとジュリエット」を現代アメリカに移し替えて、原案、そして脚本・作詞がなされているが、シェイクスピアの原作と最も異なるところは、ジュリエットは死ぬが、マリアは生き続けるという点である。マリアが生きることにより、悲しみ、そして平和と愛への祈りは、更に深くなる。

　ミュージカルでは、Somewhere の 1 節をマリアが歌い出し、トニーが共に歌おうとして息絶える（この間 6 小節にしか過ぎない）。オーケストラによる後奏（Somewhere の回想）が 7 小節続く。その後、マリアはチノから拳銃を取り上げ、チノや仲間たちに向かって、「私たちみんなに十分な銃弾は残っているの？　私たちは足を洗うの、それとも、みんな死ぬの？」と叫ぶ。バーンスタインは、このせりふにアリアを作曲しようと試みて、4、5 曲書いてみたが、すべて納得できるものではなかった。その結果、沈黙と感動が舞台を支配し、最後、I Have a Love の主題の変奏が 14 小節奏でられるだけである。バーンスタイン自身は、このラスト・シーンについて「音楽が止まり、我々が語る」と述べた。

4.　バーンスタイン「ウェスト・サイド・ストーリー」を語る

　カスティリオーネがバーンスタインにインタビューをしてまとめた本『バーンスタイン　音楽を生きる』（青土社；西本晃二監訳・笠羽映子訳）では、ウェスト・サイド・ストーリーについて、バーンスタインは以下のように語っている。

　　ウェスト・サイド・ストーリーのプロジェクトは非常に長く、つらいもので、私はそれを放棄する寸前まで行きました。もっとも、自分の仕事に確信がなくなったからではなく、それどころか正反対だったのですが、当時、50 年代の半ば頃、私には沢山の仕事、指揮をしなければならない演奏会が沢山あったからです。それに筋書きは全然単純でも、明白でもなかったのです。たしかにウェスト・サイド・ストーリーではロメオとジュリエットの話が現代的な様式で再び採り上げられてはいます。シェイクスピアが下敷きにはなっています……けれどもニューヨークにおける人種問題——結局それが、ウェスト・サイド・ストーリーの真

のテーマなのです —— は、ことに非常に激しかったし、相変わらず激しいのです。若者たちはいまだ自分のグループの名において殺し合いをしますし、ライヴァル関係にあるグループのメンバー同志が愛し合うことは不可能です。ですから問題になっているのは、使い古された物語ではなく、ニューヨークのような都市における恐ろしいまでの現実的な状況なのです。おまけに、私が作曲した音楽は時間に耐えるように思われます。今日でもなお、それに基づいたシンフォニック・ダンスを指揮したり、あるいは単にそれを聴き直したりすることがあると、私は昨日作曲したばかりという印象を受けます。

　私たちの中の誰ひとりとして、ウェスト・サイド・ストーリーが本当の成功を勝ち取れるとは思っていなかったのです。ちょっと想像してみて下さい。まさにニューヨークのウェスト・サイド地区を舞台に展開される『悲劇的な』ミュージカルですよ！　ジェローム・ロビンズ、スティーヴン・ソンダイム、アーサー・ローレンツと進めていたこのプロジェクトは、当初、とてもバラ色の未来を持っているようには思えませんでしたし、事実、その実現自体容易ではなかったのです。このミュージカルの筋書きは、第１幕の最後から早くも二人の人物が死に、悲しい結末に終わるのですから。そんなことは、ブロードウェイでは考えられないことでした。でも、時間が私たちの主張の正しさを証明してくれたことになりますね。

5．おわりに

　バーンスタインと親交の深かったロストロポーヴィッチは、バーンスタインについて、以下のように述べています。

　今世紀がレニーよりも『生まれついての』かつ人の心を揺り動かす芸術家を生んだとは思われません。何人もレニーのようにファンタジーと厳格さとを、興奮・熱狂と誠実さとを、聡明さと反迎合主義とを兼ね併せる術を心得ている者はいませんでした。

　シンフォニック・ダンスの演奏を通して、そのようなバーンスタインの世界を体験できることは、私たちの世界を更に豊かにし、勇気と希望を与えてくれるのではないでしょうか。

参考文献

第 1・2 章

1) 青木やよひ：『ベートーヴェン〈不滅の恋人〉の探求』平凡社、2007

2) Beethoven, L.V.（小松雄一郎訳編）：『ベートーヴェン音楽ノート』岩波文庫、1957

3) Beethoven, L.V.（小松雄一郎訳編）：『ベートーヴェン書簡選集上・下』音楽之友社、1979

4) Dahlhaus, C. : Ludwig van Beethoven und seine Zeit, 2. Auflage. Laaber-Verlag, 1987.（杉橋陽一訳）：『ベートーヴェンとその時代』西村書店、1997

5) 福島章：『ベートーヴェンの精神分析』河出書房新社、2007

6) Laisné, H. : Le Message de Beethoven La IXe Éditions de la "Schola Cantorum"（高波秋訳）：『ベートーヴェン「第九」の心』ジャン・ジャック書房、1999

7) Mersmann, H.（滝本裕造訳）：『ベートーヴェンの本質』美学社、1993

8) 門馬直美：『ベートーヴェン』春秋社、1987

9) 中川右介：『第九　―ベートーヴェン最大の交響曲の神話―』幻冬舎、2011

10) 大谷正人：『音楽における永遠をめざして　―音楽のパトグラフィー2―』大学教育出版、2013

11) Rolland, R.（蛯原徳夫、北沢方邦、他訳）：『ロマン・ロラン全集25 ベートーヴェン研究Ⅲ』みすず書房、1966

12) 矢羽々崇：『「歓喜に寄せて」の物語：シラーとベートーヴェンの「第九」』現代書館、2007

13) 吉田秀和：『ベートーヴェンを求めて』白水社、1984

第 3 章

1) 堀内敬三：「メンデルスゾーン 交響曲第3番イ短調『スコットランド』作品56」『名曲解説全集　交響曲Ⅱ』pp.382-385, 音楽之友社、1979

2) 星野宏美：『メンデルスゾーンのスコットランド交響曲』音楽之友社、2003

3) Jacobs, R.: Mendelssohn. Éditions du Seuil, 1977.（作田清訳）：『メンデルスゾーン　知られざる生涯と作品の秘密』作品社、2014

4) 門馬直衛：「ブラームス 交響曲第2番ニ長調作品73」『名曲解説全集　交響曲Ⅱ』pp.58-67, 音楽之友社、1979

5) 諸井誠：『ブラームスの協奏曲と交響曲　作曲家・諸井誠の分析的研究』音楽之友社、2014

6) 西原稔：『作曲家・人と作品　ブラームス』音楽之友社、2006

第4章、第5章

1) Doernberg, E. : The Life and Symphonies of Anton Bruckner. Barrie & Rockliff,
    1960 （和田旦訳）：『ブルックナー　その生涯と作品』白水社、1999

2) Furtwängler, W. : Ton und Wort. Aufstätze und Vorträge. F. A. Brockhaus, 1956. （芦
    津丈夫訳）：『音と言葉』白水社、1978

3) Grebe, K. : Anton Bruckner. Rowohlt Taschenbuch Verlag. 1978 （天野晶吉訳）：『アン
    トン・ブルックナー』芸術現代社、1986

4) Matheopoulos, H. : Maestro – Encounters with Conductors of Today 1982, 2004. （石
    原俊訳）：『マエストロ　第Ⅱ巻』アルファベータ、2006

5) 根岸一美：『作曲家・人と作品　ブルックナー』音楽之友社、2006

6) 根岸一美・渡辺裕監修：『ブルックナー／マーラー事典』東京書籍、1993

7) Piendl, S. and Otto, T. : Stenographische Umarmung — Sergiu Celibidache beim
    Wort genommen — . ConBrio Verlags 2002 （喜多尾道冬訳）：『私が独裁者？　モーツァル
    トこそ！　チェリビダッケ音楽語録』、音楽之友社、2006

8) 田代櫂：『アントン・ブルックナー　魂の山嶺』春秋社、2005

9) Weiler, K.: Celibidache : Musiker und Philosoph. Franz Schneekluth Verlag. 1993 （相
    澤啓一訳）：『評伝　チェリビダッケ』春秋社、1995

第5〜9章

1) Adorno, T. W.: （龍村あや子訳）：『マーラー：音楽観相学』、法政大学出版局、1999

2) Bauer-Lechner, N. : Gustav Mahler. （Killian, H. 編、高野茂訳）：『グスタフ・マーラー
    の思い出』音楽之友社、1988

3) Bernstein, L., Castiglione, E.: Una Vita per la Musica. Editoriale Pantheon Srl, 1991 （西
    本晃二監訳、笠羽映子訳）：『バーンスタイン　音楽を生きる』青土社、1999

4) Blaukopf, H. : Gustav Mahler Briefe. Paul Zsolnay Verlag Gesellschaft m.b.H., 1996 （須
    永恒雄訳）：『マーラー書簡集』法政大学出版局、2008

5) 長木誠司：『グスタフ・マーラー全作品解説事典』立風書房、1994.

6) Dahlhaus, C., Eggelbrecht, H. H.: Was ist Musik? Heinrichshofen's Verlag, 1985 （杉
    橋陽一訳）：『音楽とは何か』シンフォニア、1992

7) Eckermann, J. P.: Gesprache mit Goethe in den Letzten Jahren Seines Lebens. Ⅱ 1836
    （山下肇訳）：『ゲーテとの対話（中）』岩波文庫、1968

8) Floros, C. : Gustav Mahler Vol. Ⅲ — Die Sinfonien. Breitkopf & Hartel, 1985 （前島良雄・
    前島真理訳）：『マーラー交響曲のすべて』藤原書店、2005

9) Furtwängler,W.:Vermächtnis.F.A.Brockhaus, 1956. （芦津丈夫訳）：『フルトヴェングラー
    音楽ノート』白水社、東京、1988

10)　Goethes : Faust.（小西悟訳）:『ファウスト　ゲーテ』大月書店 1998

11)　広井良典:『死生観を問いなおす』筑摩書房、2001

12)　金子建志:『こだわり派のための名曲徹底分析　マーラーの交響曲』音楽之友社、1994

13)　La Grange, H.-L.: Gustav Mahler: A la recherche de l'infini perdu. 1988（船山隆、井上さつき訳）:『グスタフ・マーラー　失われた無限を求めて』草思社、1993

14)　La Grange, H.-L.: Gustav Mahler. Volume 3, Vienna: Triumph and Delusion（1904-1907). Oxford University Press, 1999.

15)　La Grange, H-L. : Gustav Mahler. A New Life Cut Short（1907-1911). Oxford University Press. 2008

16)　前島良雄:『マーラー　輝かしい日々と断ち切られた未来』アルファベータ、2011

17)　Mahler, A.: Gustav Mahler. Erinnerungen und Briefe. Bermann-Fischer Verlag 1949.（酒田健一訳）:『マーラーの思い出』白水社、1999

18)　Mahler, A. : Erinnerungen an Gustav Mahler, hg. von Mitchell, D. 1971（石井宏訳）:『グスタフ・マーラー　愛と苦悩の回想』中公文庫、1987

19)　Maslow, A. H.: Toward a Psychology of Being（Second Edition）. Van Nostrnd Reinhold Company Inc. 1968（上田吉一訳）:『完全なる人間〔第2版〕:魂のめざすもの』誠信書房、1998

20)　Maslow, A. H.: Motivation and Personality（Second Edition）. Harper & Row, Publishers, Inc.（小口忠彦訳）:『人間性の心理学〔改訂新版〕:モチベーションとパーソナリティ』産能大学出版部、1987

21)　Mitchell, D. : Gustav Mahler -The Wunderhorn Years. 1975-（喜多尾道冬訳）:『マーラー　角笛交響曲の時代』音楽之友社、1991

22)　門馬直美:「マーラー交響曲第4番ト長調」『名曲解説全集　交響曲Ⅱ』pp.218-222、音楽之友社、1979

23)　諸富祥彦:『講談社現代新書:トランスパーソナル心理学入門』講談社、1999

24)　村井翔:『作曲家・人と作品　マーラー』音楽之友社、2004

25)　大谷正人:『音楽のパトグラフィー　―危機的状況における大音楽家―』大学教育出版、2002.

26)　大谷正人:『音楽における永遠をめざして　―音楽のパトグラフィー2―』大学教育出版、2013

27)　小塩節:『ファウスト』講談社、1996

28)　Schreiber, W.: Gustav Mahler. Rowohlt Taschenbuch Verlag GmbH, 1971.（岩下眞好訳）:『〈大作曲家〉マーラー』音楽之友社、1993.

29)　Silbermann, A. : Lübbes Mahler-Lexikon. Gustav. Gustav Lübbe Verlag GmbH. 1986（山我哲雄訳）:『グスタフ・マーラー事典』岩波書店、1993

30) 新村出編：『広辞苑』第四版、岩波書店、1993

31) Walter, B.: Gustav Mahler, Austria. 1936.（村田武雄訳）：『マーラー：人と芸術』音楽之友社、1960.

32) 渡辺護：『芸術学［改訂版］』、東京大学出版会、1983

33) 渡辺裕：「マーラーの音楽」（根岸一美・渡辺裕監修）『ブルックナー／マーラー事典』、東京書籍、pp.291-449, 1993

34) 渡辺裕：『マーラーと世紀末ウィーン』岩波書店、2004

35) Wilber, K.: The Eye of Spirit : An Integral Vision for a World Gone Slightly Mad. Shambhala Publications, Inc., 1997.（松永太郎訳）：『統合心理学への道：「知」の眼から「観想」の眼へ』春秋社、2004

第10章

1) ひの まどか：『スメタナ　―音楽はチェコ人の命―』リブリオ出版、2004

2) 井上和男：「チャイコフスキー交響曲第5番ロ短調」『名曲解説全集　交響曲Ⅱ』pp.120-123, 音楽之友社、1979

3) 伊藤恵子：『作曲家・人と作品　チャイコフスキー』音楽之友社、2005

4) 小林聡幸：ヤナーチェクとその音楽における直接性と日常性. 日本病跡学雑誌、52-62、2002

5) 南塚信吾：『東欧の民族と文化』彩流社、1989

6) 門馬直美：交響詩「わが祖国」. 『名曲解説全集4、管弦楽曲Ⅰ』pp.424-436、1980、音楽之友社

7) 内藤久子：19世紀における「ナショナリズムの音楽」の刷新　―B. スメタナの交響詩《我が祖国》の詩学―. 鳥取大学教育地域学部紀要2（1）：89-107、2000

8) 内藤久子：『ドヴォルジャーク』音楽之友社、2004

9) 内藤久子：『チェコ音楽の魅力：スメタナ・ドヴォルジャーク・ヤナーチェク』東洋書籍、2007

10) 大谷正人：『音楽における永遠をめざして　―音楽のパトグラフィー2―』大学教育出版、2013

11) 佐川吉男：「シンフォニエッタ」『名曲解説全集　交響曲Ⅱ』pp.181-186、音楽之友社、1979

第11章

1) 井上太郎：『レクィエムの歴史　―死と音楽の対話―』平凡社、1999

2) Long, M.: Au Piano avec Gabriel Fauré. Editions Julliard. 1963（遠山菜穂美訳）『回想のフォーレ　ピアノ曲をめぐって』音楽之友社、2002

3) Nectoux, J.-M.: Fauré : Edition du Seuil. 1972.（大谷千正編訳）:『ガブリエル・フォーレ』新評論、1990

4) Nectoux, J.-M.: Gabriel Fauré: A Musical Life. Cambridge University Press, 1991.（大谷千正監訳、日高佳子・宮川文子訳）:『評伝フォーレ：明暗の響き』新評論、2000

5) 大谷正人:『音楽における永遠をめざして　―音楽のパトグラフィー2―』大学教育出版、2013

第12章

1) 別宮貞雄:「ラヴェルの生涯と芸術」『作曲家別名曲解説ライブラリー⑪ラヴェル』pp.6-12、1993、音楽之友社

2) Jankélévitch, V. : Ravel. Editions du Seuil, 1956（福田達夫訳）:『ラヴェル』白水社、2002

3) Orenstein, A. : Ravel : man and musician. Columbia University Press 1991（井上さつき訳）:『ラヴェル　生涯と作品』音楽之友社、2006

4) 寺田兼文:ラヴェルにおける抑制された渇望と矛盾. 音楽芸術、45（4）: 21-23, 1987

第13章

1) Bernstein, L.: The Unanswered Question. Six Talks at Harvard. Harvard University Press., 1976（和田旦訳）:『答えのない質問』みすず書房、1978

2) Bernstein, L., Castiglione, E.: Una Vita per la Musica. Editoriale Pantheon Srl, 1991（西本晃二監訳、笠羽映子訳）:『バーンスタイン　音楽を生きる』青土社、1999

3) Burton, H. : Leonard Bernstein. ダブルディ社、1994（棚橋志行訳）:『バーンスタインの生涯　上・下』福武書店、1994

4) Burton, W. W.: Conversations about Bernstein. Oxford University Press, Inc., 1995（山田治生訳）:『バーンスタインの思い出』音楽之友社、1997

5) Gottlieb, J., Gradenwitz, P.: Bernstein conducts Bernstein. Deutsche Grammophon GmbH.

6) Myers, P.: Leonard Bernstein. Phaidon Press Limited, 1998（石原俊訳）:『レナード・バーンスタイン』アルファベータ、東京、2001

7) 大谷正人:『音楽における永遠をめざして　―音楽のパトグラフィー2―』大学教育出版、2013

8) Resnick, E.: Leonard Bernstein: un chef inspire. Editions Josette Lyon. 1996（伊藤制子、柿市如訳）:『レナード・バーンスタイン　情熱の指揮者』ヤマハミュージックメディア、2002

付録：伊勢管弦楽団定期演奏会曲目（2006 年～ 2019 年）

第 25 回 （2006 年）	マーラー	交響曲第 8 番　変ホ長調
第 26 回 （2007 年）	メンデルスゾーン	ピアノ協奏曲第 1 番　ニ短調
	ブルックナー	交響曲第 8 番　ハ短調
第 27 回 （2008 年）	ブラームス	交響曲第 3 番　ヘ長調　作品 90
	ラフマニノフ	パガニーニの主題による狂詩曲　作品 43
	ラヴェル	亡き王女のためのパヴァーヌ
	ラヴェル	ラ・ヴァルス
第 28 回 （2009 年）	ドヴォルジャーク	交響曲第 8 番　ト長調　作品 88
	マーラー	交響曲第 1 番　ニ長調
第 29 回 （2010 年）	バーンスタイン	「ウェスト・サイド・ストーリー」より シンフォニック・ダンス
	ブルックナー	交響曲第 7 番　ホ長調
第 30 回 （2011 年）	フォーレ	ピアノと管弦楽のためのバラード　嬰ヘ長調　作品 19
	マーラー	交響曲第 9 番　ニ長調
第 31 回 （2012 年）	モーツァルト	交響曲第 39 番　変ホ長調　K．543
	ビゼー	「アルルの女」より
	ラヴェル	「ダフニスとクロエ」より
第 32 回 （2013 年）	モーツァルト	ピアノ協奏曲第 22 番　変ホ長調　K．482
	スメタナ	連作交響詩「我が祖国」全曲
第 33 回 （2014 年）	マーラー	交響曲第 4 番　ト長調
	ヤナーチェク	シンフォニエッタ
第 34 回 （2015 年）	ドヴォルジャーク	序曲「謝肉祭」　作品 92
	メンデルスゾーン	交響曲第 3 番　イ短調　作品 56「スコットランド」
	チャイコフスキー	交響曲第 5 番　ホ短調　作品 64
第 35 回 （2016 年）	マーラー	交響曲第 2 番　ハ短調「復活」
第 36 回 （2017 年）	ブラームス	交響曲第 2 番　ニ長調　作品 73
	ヴァーグナー	舞台神聖祝典劇「パルジファル」より 「聖金曜日の音楽」
	シュトラウス	組曲「ばらの騎士」より抜粋 および歌劇「ばらの騎士」第 3 幕の 3 重唱
第 37 回 （2018 年）	バルトーク	ヴァイオリン協奏曲第 2 番
	ブルックナー	交響曲第 9 番　ニ短調
第 38 回 （2019 年）	バッハ	ブランデンブルク協奏曲　第 3 番　ト長調　BWV.1048
	マーラー	交響曲第 6 番　イ短調

あ と が き

　著者が 1981 年より現在まで 40 年間近くの長い歳月にわたり常任指揮者～
音楽監督として指揮をさせていただいている伊勢管弦楽団は、団員でチューバ
奏者でもある北岡義国さんのご厚意により、「指揮者の部屋」というコーナー
を 2005 年に開設しました。本書は、そこに 15 年間にわたり掲載された 51 編
から抜粋し、再編成したものです。これらは、伊勢管弦楽団が 2006 年の第 25
回定期演奏会（曲目はマーラーの交響曲第 8 番）から 2019 年の第 38 回定期
演奏会（曲目はマーラーの交響曲第 6 番など）の間の定期演奏会や他の大きな
演奏会の曲目解説や作曲家紹介を目的として作成されたものであり、2018 年
の段階では一冊の本にまとめよう、とまでは考えていませんでした。

　しかし、著者自身の恩師でもあり伊勢管弦楽団の創立以来困難の多かった
15 年間、初代コンサートマスターとして伊勢管弦楽団を指導していただいた
植村茂先生が、2018 年 12 月にご逝去されました。そして第 16 回定期演奏会
から第 36 回定期演奏会まで 20 年間の長きにわたって第 2 代のコンサートマ
スターとして、伊勢管弦楽団の発展・成長に絶大なご尽力をして下さった親友
の上村宰史さんが、やむを得ない健康上の事情から引退を余儀なくされました。
そのような悲しい状況の中で、お二人の名誉コンサートマスターへの感謝を少
しでも表したいとの一念から、伊勢管弦楽団の仲間の了解をいただき、1 冊の
本に再編成し、まとめました。

　2006 年から 2009 年の間の定期演奏会曲目は下記に記載しました。その中か
ら伊勢管弦楽団として特に印象深い曲目や、植村茂先生や上村宰史さんにご縁
が深かった曲などは、必ず含めるようにしました。伊勢管弦楽団では第 15 回
定期演奏会以降、第 20、25、30、35 回の記念定期演奏会はすべてマーラーを
演奏してきましたので、マーラーについての記述が多くなってしまい、副題も
「マーラーなどの名曲とともに」となりました。ちなみに、2021 年の第 40 回
定期演奏会では、マーラーの交響曲第 3 番を演奏する予定です。

　「指揮者の部屋」の原稿記載の時は、参考文献をあげたり省略したりと不統一でしたが、本著ではわかる限り記載するようにしました。文体については、指揮者の部屋では、読者への語りかけという意味もあり、はじめに・おわりにと本文では、あえてしばしば文体を変えていましたが、この文体は本著でもそのまま継続しています。また大学教育出版社で刊行していただいた拙著の『音楽のパトグラフィー』および『音楽における永遠をめざして』の文章と一部で重複はありますが、ほとんどそのまま掲載させていただきました。

　「一瞬に消えていく音楽の感動は永遠に残る体験であり、それらを皆で創造し共有したい」という夢を希求しながら、伊勢管弦楽団の仲間とともに演奏を続けていますが、本書が、お二人の名誉コンサートマスターへの感謝のささやかな表現となり、また伊勢管弦楽団の足跡の一助となれば幸甚です。

　本書の出版にあたり、編集部の佐藤守氏には大変お世話になりました。心からの感謝を申し上げます。

　2019 年 11 月 28 日

　　　　　　　　　　　　　　　　　　　　　　　　　　　大谷　正人

■ 著者紹介

大谷　正人　（おおたに　まさと）

1951 年　三重県に生まれる。

1970 年　三重県立伊勢高等学校卒業、伊勢高等学校在学中は合唱部に所属し、故　植村茂氏（伊勢管弦楽団初代コンサートマスター）に声楽を師事。同年、慶応義塾大学医学部に入学するが音楽家をめざして中途退学。

1971 年　東京藝術大学音楽学部楽理科入学、東京藝術大学在学中に芸術祭（大学祭）でオーケストラの指揮を初めて経験する。

1975 年　東京藝術大学音楽学部卒業、三重大学医学部入学、三重大学在学中に三重大学管弦楽団の指揮を約 3 年間担当。

1981 年　三重大学医学部を卒業し、同時に三重大学医学部精神神経科講座に入局。伊勢シティ・フィルハーモニック管弦楽団（現在、伊勢管弦楽団）を仲間と共に創設し、現在に至るまで同楽団の音楽監督・常任指揮者をつとめる。

1983-1984 年　Max-Planck 精神医学研究所（ドイツ、ミュンヘン）に留学。

1986 年　三重大学医学部附属病院精神神経科助手

1991 年　三重大学教育学部助教授

1999 年　三重大学教育学部教授

2016 年　三重大学教育学部退職、三重大学名誉教授授与。鈴鹿医療科学大学保健衛生学部特任教授、現在に至る

2017 年　鈴鹿医療科学大学附属こころのクリニック院長、現在に至る

音楽関係では、指揮を小泉和裕氏、故　山田一雄氏に師事、チェロを河野文昭氏、小川剛一郎氏に師事。主要な著書として『音楽のパトグラフィー ― 危機的状況における大音楽家 ―』（2002 年）、『音楽における永遠をめざして ― 音楽のパトグラフィー 2 ―』（2013 年）（ともに大学教育出版）がある。

伊勢管弦楽団の「指揮者の部屋」
― マーラーなどの名曲とともに ―

2020 年 1 月 15 日　初版第 1 刷発行

■ 著　　者 ―― 大谷正人
■ 発 行 者 ―― 佐藤　守
■ 発 行 所 ―― 株式会社　大学教育出版
　　　　　　　〒 700-0953　岡山市南区西市 855-4
　　　　　　　電話（086）244-1268　FAX（086）246-0294
■ 印刷製本 ―― モリモト印刷 ㈱

ISBN978 ‐ 4 ‐ 86692 ‐ 058 ‐ 0